智能车惯性视觉自主定位技术

Intelligent Vehicle Inertial Vision Autonomous Positioning Technology

赵军阳　张志利　祝慧鑫　著

国防工业出版社

·北京·

内 容 简 介

本书面向车辆自动驾驶领域，系统介绍智能车惯性视觉自主定位的相关内容。首先分析了自动驾驶和视觉惯性定位技术的发展和研究现状，介绍了传感器、视觉惯性导航系统、特征提取与匹配、视觉惯性联合标定和位姿优化等视觉/惯性定位相关理论基础；其次重点介绍了车辆立体视觉定位、亚像素级特征融合检测、点线特征融合和后端优化方法等视觉/惯性定位相关关键技术，充分运用点特征和线特征信息提高定位效果；最后给出了相关基础参考知识，便于读者理解。

本书主要面向高等学校相关专业的高年级本科生或研究生，也可以作为相关机构研究者和从业者的参考书，尤其可供视觉/惯性 SLAM 相关的研究者查阅、参考。

图书在版编目（CIP）数据

智能车惯性视觉自主定位技术 / 赵军阳，张志利，祝慧鑫著. -- 北京：国防工业出版社，2025. 6.
ISBN 978-7-118-13780-4

Ⅰ. U46

中国国家版本馆 CIP 数据核字第 2025B5R614 号

※

*国防工业出版社*出版发行

（北京市海淀区紫竹院南路 23 号　邮政编码 100048）
北京虎彩文化传播有限公司印刷
新华书店经售

*

开本 710×1000　1/16　印张 9¼　字数 162 千字
2025 年 6 月第 1 版第 1 次印刷　印数 1—2000 册　定价 78.00 元

（本书如有印装错误，我社负责调换）

国防书店：(010) 88540777　　书店传真：(010) 88540776
发行业务：(010) 88540717　　发行传真：(010) 88540762

前　言

惯性视觉导航定位将视觉传感器和惯性导航系统有机融合，具有定位定向精度高、实时自主能力强、环境适应性好等优点。惯性视觉定位是智能化机器实现自主导航控制的关键技术，也是当前人工智能领域的研究热点，在无人驾驶汽车、无人飞行器、智能机器人、智能装备以及智慧城市等众多领域有广泛的应用。

本书主要针对低纹理环境下惯性视觉定位面临的特征信息不充分的问题，重点研究了点线特征的检测、融合和优化方法，同时兼顾相关基础知识和背景知识，力求为读者清晰准确地提供惯性视觉导航定位方面的系统知识。本书专业性较强，适合具有一定惯性导航、视觉 SLAM 等基础的高等院校学生、科研机构研究人员和企业从业者阅读。

全书共分为 7 章。第 1 章为绪论，介绍了智能车自动驾驶和视觉惯性定位的技术发展；第 2 章介绍了视觉/惯性定位的基础理论知识；第 3 章给出了立体视觉定位框架，介绍了基于车辆运动估计的立体视觉定位算法；第 4 章介绍了基于像素/亚像素融合的特征检测方法，提高点特征提取精度；第 5 章介绍了基于点线特征结合的前端处理算法，实现了点线特征重投影误差模型构建和特征融合；第 6 章介绍了基于点线特征合并的后端优化，使用滑动窗口模型进行视觉惯性信息的后端优化；第 7 章为总结与展望，对全书进行梳理和总结，对后续研究工作提出进一步展望和建议；最后提供了相关基础知识附录。

本书成稿过程中得到了研究团队的支持和协助，也参考了部分文献资料，对此一并表示感谢。

本书的出版得到了国防工业出版社的大力支持，在此表示诚挚感谢。

尽管本书力求做到全面和准确，但由于著者水平所限，惯性视觉定位技术也在不断发展中，书中难免存在一些不足之处，恳请广大读者批评指正。

著　者
2025 年 1 月

目　　录

第1章 智能车自主定位概述

1.1 智能车自动驾驶技术发展

　　智能车自动驾驶技术的发展历史可以追溯到 1925 年美国发明家 Francis Houdina 展示的一辆无线电控制的汽车，该汽车可以被无线电控制而自主行驶。伴随着汽车领域"无人""自动"思潮的影响，通用汽车与美国无线电公司合作，于 1956 年推出"Firebird Ⅱ"概念车，这是世界上第一辆配备安全及自动导航系统的概念车。1958 年，克莱斯勒 Imperial 轿车首次装备了定速巡航系统，定速巡航逐渐发展成为现代自动驾驶技术的自适应巡航控制系统。1961 年，A. James 开始研发 Stanford Cart，虽然测试车的延迟达到了 2.5s，但这是自动驾驶研究中做出的有益尝试。1969 年美国计算机科学家 M. John（被誉为人工智能的创始人之一）在 Computer Controlled Cars 一文中描述了由计算机控制的自动驾驶汽车蓝图。1977 年，日本筑波工程研究实验室的 S. Tsugawa 等人开发出了第一个基于摄像头的巡航系统的自动驾驶汽车，在高架轨道的辅助下能达到 30 km/h 的巡航时速。

　　军事需求极大地推动了自动驾驶和高级驾驶辅助系统（Advanced Driver Assistance System，ADAS）技术的发展。美国国防部高级研究计划局（DARPA）与美国陆军合作，发起了自助式陆地车辆（Autonomous Land Vehicle，ALV）计划。虽然 1985 年首辆样车经过试验发现，ALV 的图像处理和计算机技术并不能够满足军用无人地面平台的使用需求，1988 年 DARPA 正式叫停了 ALV 项目，但却为后续研究打下了良好基础。在此期间，一些大学和研究机构都展开了有关研究，其主要的情况如表 1-1 所列。

表 1-1　部分大学和研究机构展开有关研究情况

时间	研 究 团 队	无人驾驶汽车	实 验 情 况
1985	卡内基-梅隆大学	Terregator	开展户外自动驾驶测试
1986	卡内基-梅隆大学	NavLab-1	能自主控制转向实现路径跟踪，非结构化道路中行驶速度为 12km/h，典型结构化道路中行驶速度为 28km/h

（续）

时间	研 究 团 队	无人驾驶汽车	实 验 情 况
1980s	联邦国防军大学 Dickmanns 团队	VaRoS	总共行驶了超过 20km，测试车速达到 90km/h，并成功获得欧洲尤里卡·普罗米修斯计划的资金资助
1994	Dickmanns 团队	VITA-1	三车道高速公路上以高达 130km/h 的速度行驶超过 1000km，成功演示了在自由车道上驾驶、识别交通标志、车队根据车速保持距离驾驶、自动通过左右车道变换等
1998	帕尔马大学 VisLab	ARGO	利用立体视觉系统，通过摄像头来检测周围的环境，通过计算机制定导航路线，进行了 2000km 的长距离试验

2004 年，DARPA 为解决军方提出的无人驾驶车辆问题，发起了 DARPA 挑战赛。比赛要求参赛车辆必须是无人驾驶的自主地面车辆，不允许远程遥控，并对每辆赛车进行实车跟踪，在 10h 内最先到达终点的队伍获胜。虽然 15 支参赛团队都没能顺利完成任务，但极大地引发了世界范围内研究者的热情。2005 年，DARPA 挑战赛中，5 支参赛队伍的无人车成功通过了路况恶劣的沙漠赛道，斯坦福大学的 T. Sebastian 团队设计的 Stanley 以 6h53min 的成绩取得冠军。受此激励，第三届挑战赛"城市挑战赛"于 2007 年举行，并要求参赛车辆能遵守所有交通规则，在赛道上检测和避开其他机器人。最终，卡内基-梅隆大学的 Boss、斯坦福大学的 Junior、弗吉尼亚理工大学的 Odin 依次获得前 3 名。在此次比赛中，自动驾驶和 ADAS 技术的基本雏形已经出现，即：①电气化改装的执行架构；②基于激光雷达（Light Detection and Ranging，Li-DAR）、摄像头、毫米波雷达等多传感器的环境感知算法；③结合全球定位系统（Global Positioning System，GPS）、实时动态测量（Real Time Kinematic，RTK）、惯性测量单元（Inertial Measurement Unit，IMU）等工具实现的高精地图（High Definition Map，HD Map）定位；④通过各类机器学习算法得到的路径规划等。

自动驾驶领域的蓬勃发展[1]离不开两方面影响。一是政府政策的利好。2022 年以来，为了促进自动驾驶创新发展，中、美、欧、日、韩等国家和地区通过加快出台支持自动驾驶创新发展的政策，制订、修订顺应自动驾驶产业发展的法律法规等措施。例如，2022 年 8 月，欧盟发布《全自动车辆自动驾驶系统（ADS）型式认证的统一程序和技术规范》，这是世界上首个允许成员国批准和销售高级别自动驾驶（L4 及以上）技术汽车的技术规范；2024 年 3 月，美国加州公共事业委员会批准了 Waymo 在洛杉矶和旧金山半岛扩大无人驾驶出租车服务计划。中国工信部等五部门于 2024 年 1 月发布《关于开展智能网联汽车 "车路云一体化" 应用试点工作的通知》，推进自动驾驶的车路协同基础设施建设。二是大量企业切入自动驾驶业务。Google 在 2009 年建立了由 Thrun 领导的自动驾驶实验室 Google X，并于 2014 年 5 月发布了纯电动全自动驾驶汽车车型——萤火虫。许多公司企业同步开展了大量的研究，其中包含了采用 "渐进式" 路线先实现 ADAS 后实现自动驾驶的传统车企（奔驰、通用、丰田等）和选择 "跨越式" 路线瞄准 L3 阶跃式发展的互联网企业（如 Tesla、Uber、NVIDIA、华为、小米、百度等）。

现代的自动驾驶技术与先前的自动驾驶技术相比体现出了时代发展和技术进步带来的显著变化。首先，早期的自动驾驶系统主要依赖于简单的传感器和基础的控制算法，这些系统在处理复杂交通环境时常常显得捉襟见肘。早期的自动驾驶主要依赖于固定的路线和有限的环境感知能力，功能相对单一（如 ADAS 的巡航控制和车道保持等）。随着科技的进步，现代自动驾驶技术则融合了深度学习、计算机视觉和点云技术等新型技术，能够进行全面的环境感知、复杂决策和实时控制。这种转变不仅提升了自动驾驶系统的智能化水平，还使得车辆能够在多变的交通环境中自主适应和反应。现代自动驾驶技术的基础主要包括感知、决策和控制 3 个核心环节。感知系统通过多种传感器（如激光雷达、摄像头、毫米波雷达等）收集车辆周围环境的信息。激光雷达提供高精度的三维环境建模，摄像头则用于识别交通标志、信号灯和行人，毫米波雷达则能够在恶劣天气条件下有效工作。这些传感器的数据通过融合算法进行整合，形成对周围环境的全面理解。决策环节则基于感知数据，通过机器学习和强化学习等算法，评估不同的驾驶策略，选择最优的行驶路径和行为。这一环节不仅需要考虑车辆的动态状态，还需评估交通规则、周边车辆的行为和行人动态等复杂因素。控制系统则负责将决策结果转化为具体的驾驶指令，确保车辆在实际行驶中能够平稳、安全地执行。这一系列技术的整合，使得现代自动驾驶系统具备了高度的自动化和智能化能力，能够在复杂环境中进行自主驾驶，显著提升了出行的安全性和效率。

在现代自动驾驶技术的基础中，智能车定位技术起着至关重要的作用。定位技术不仅决定了车辆的自主性，还直接影响着行驶的安全性与效率。准确的定位能够帮助车辆在复杂的城市环境中实时了解自身位置，进行有效的路径规划和障碍物规避。传统的定位方法多依赖于全球导航卫星系统（Global Navigation Satellite System，GNSS），但其在城市环境中的应用常常受到信号干扰的限制，因此，现代自动驾驶系统通常采用多种定位技术的融合。视觉定位技术

（如视觉里程计）通过分析摄像头捕获的图像流来估算车辆的运动，惯性导航系统提供短期的精确位置更新，而高精度地图则与实时感知数据相结合，能够进一步提高定位的准确性。这种综合的定位解决方案使得现代自动驾驶系统在各类驾驶场景中都能表现出高效的安全性和可靠性，推动了智能交通的快速发展。总之，智能车定位技术在现代自动驾驶系统中不仅是实现自主驾驶的基础，更是提升出行安全与效率的重要支撑。

1.2　智能车定位技术发展

在自动驾驶中，定位技术是自动驾驶车辆选定向哪里走并决定怎么走的关键先决条件[2]。人类本身可以利用眼睛和耳朵等感官收集信息，基于记忆与经验的基础来判定自身方位。但是车辆需要更为复杂和精确的定位定向系统来模拟人类的感官功能和定位能力。在实际应用中，自动驾驶定位定向系统的主要功能包括车辆定位、地图匹配、航向确定等，为车辆的安全可靠行驶提供了必要的位置信息和环境感知能力。在 DARPA 挑战赛中，参赛车辆事先对赛道一无所知，DARPA 在比赛前 24h 向所有车队提供了一份路线网络定义文件（RNDF）。RNDF 与车载 GPS 导航系统使用的数字街道地图非常相似，该文件以 GPS 坐标定义了道路位置、车道数、交叉口甚至停车位位置。比赛当天，每个团队都得到了第二个唯一的文件，称为任务定义文件（MDF）。该文件仅包含 RNDF 内车辆需要穿越的检查站（或位置）列表，这些车辆必须按照特定顺序访问检查站，其目标是模拟无人驾驶军车在执行任务时必须执行的操作。发展至今，现代自动驾驶车辆所需要的高精度定位依照传感器使用情况可以分为绝对定位和相对定位技术两种[3]。

车辆的绝对定位技术主要依靠 GNSS 实现。在现代导航系统中，GNSS[4]主要由各个卫星导航系统供应商（美国的全球定位系统 GPS、中国的北斗卫星导航系统 BDS、俄罗斯的格洛纳斯卫星导航系统 GLONASS、欧洲的伽利略卫星导航系统 Galileo 这 4 个全球系统）构成。同时，部分区域导航系统（中国的北斗二号 BDS-2、日本准天顶卫星系统 QZSS、印度区域卫星导航系统 IRNSS）和一些增强系统（美国的 WAAS、日本的 MSAS、欧盟的 EGNOS、印度的 GAGAN 等）也属于 GNSS。作为可以提供全局位置参考信息的来源，GNSS 在自动驾驶的定位定向中起到的作用不可或缺。但在实际应用过程中，由于卫星设备特性、信号传播变化、接收机影响等原因，GNSS 存在一定的误差以及信号丢失可能[5]。误差主要来源的具体情况如图 1-1 所示。

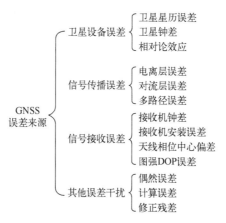

图 1-1　GNSS 误差主要来源示意图

GNSS 中部分误差（如接收机固有的误差，其中包括内部噪声、通道延迟、多径效应等）利用现有差分技术无法完全消除，大大影响了自动驾驶和 ADAS 的精确性和可靠性。因此，研究人员提出 RTK（Real-Time Kinematic）载波相位差分技术，用来辅助 GNSS 进行实时动态定位。为了克服传统 RTK 技术存在的流动站和基准站之间存在距离限制，20 世纪 90 年代，研究者们提出了网络 RTK（Network RTK，NRTK）技术[6] 和精密单点定位（Precise Point Position，PPP）技术[7]，并为 ADAS 和自动驾驶提供了良好的定位策略。但 GNSS 在特殊环境或部分日常情况下会存在受攻击、干扰而无法提供定位、导航和授时服务的情况，在 GNSS 拒止条件下，智能车辆的环境感知和自主导航能力将面临重大挑战。2023 年 4 月，美国国防部对《定位、导航与授时体系战略》进行更新，重点明确了定位、导航与授时（Positioning，Navigation and Timing，PNT）战略 "防止对手在军事行动地区有效使用 PNT 服务" 的重要任务，展示了战时 PNT 服务的重要战略地位以及巨大的潜在拒止性。2024 年 4 月，以色列特拉维夫以及中部多地的车辆集体遭受 GPS 中断事件，进一步凸显了智能车辆在缺乏 GNSS 信号时所面临的困难。当地居民称："导航服务已经被中断了，我在十字路口，不知道该向左还是向右拐。（GPS）完全不能用，它（导航软件）现在说我在贝鲁特。"事后，以色列国防军发言人哈加里证实，以军当天开始对以色列部分地区的 GPS 信号进行干扰，并称此举是为了加强对导弹、无人机等制导武器攻击的防御。在这种 GNSS 拒止的背景下，目前对智能车辆的研究中具备独立自主定位能力的需求，在应急响应、公共安全和军事应用等领域具有广泛的应用潜力。

车辆的相对定位技术主要依靠车辆搭载的传感器（如雷达、摄像头、IMU

等）来实现车辆自动驾驶的自主定位。在 GNSS 信号受限、极端天气和未知动态等环境中，相对定位技术可以自主采集数据给出实时的环境感知和连续定位更新。同时，定位与建图（Simultaneous Localization and Mapping，SLAM）便是在这样的背景下应运而生的。SLAM 技术指的是在没有环境先验信息的条件下，智能车辆搭载特定的传感器在运动过程中建立环境模型，同时估计自身运动的过程[8]。SLAM 为智能车辆提供自身位置信息，给智能车辆的路线规划和决策提供了前提条件，是实现智能车辆自主运动的核心技术。智能车辆利用 SLAM 技术在陌生环境中完成主动定位和地图构建两大任务[9]。在实时且无先验信息的情况下实现定位与建图，需要多种类别传感器相互融合，通过提取各传感器的优势使智能车辆能够得到精确且鲁棒的位姿信息并实现精准的地图重建。一般而言[10]，SLAM 设备中外部通常使用相机采集未知环境的图像信息，通过激光雷达扫描获取障碍物或目标物的距离信息，安装 GNSS 来提供位置环境的全局位置信息以及针对轮式设备应用编码器测量车轮转速等。其内部安装 IMU，通过陀螺和加速度计获得载体角速度和比力，从而得到设备自身的相对位姿。

不同传感器具有不同的特征特性，在 SLAM 技术研究中需要结合各自的优缺点来合理规划融合方案，以达到更高效、更精准的环境感知效果。结合文献可知[11-14]，不同传感器的性能比较如表 1-2 所列。可以看出，毫米波雷达的优点主要是探测能力强、探测范围广和抗环境干扰高，主要缺点是分辨率较低导致的分类性能差。超声波雷达的重要优势是技术成熟、近距离高精度、成本低廉，但其与毫米波雷达同样分辨率和精度有限。激光雷达在测距精度、测距范围、抗复杂环境干扰等方面都表现良好，但由于其关键组件对高精度制造和精密校准的要求，导致激光雷达的价格居高不下。摄像头可以提供的视觉信息丰富，并且分辨率高、分类特征鲜明、价格实惠，但其探测范围有限、对环境条件敏感。IMU 可以以很高的频率输出自身的运动信息，而且不受外界因素的影响，但只能测量自身参数，并且测量误差会随时间累积，不适应长时间定位。

表 1-2　不同传感器的性能比较情况

	毫米波雷达	超声波雷达	激光雷达	摄 像 头	GNSS	IMU
目标探测	3	2	3	2	3	0
分类	1	1	2	3	0	0
探测范围	2	1	3	1	3	0
角度	2	2	3	1	3	0

（续）

	毫米波雷达	超声波雷达	激光雷达	摄　像　头	GNSS	IMU
轮廓信息	1	2	2	3	0	0
斜距离	3	1	3	1	3	2
斜速度	3	1	3	1	3	3
复杂环境	3	2	2	1	1	3
感光性	3	3	3	1	3	3
尺寸	1	1	2	1	1	1
成本	2	3	1	3	3	3

注：依据传感器在此项功能表现由好到坏依次评级为 3、2、1。

　　SLAM 技术可利用车载传感器对自动驾驶车辆周围未知环境进行探索，计算和估计设备的相对位置和姿态，实时地对环境地图进行重建三维，完成车辆在陌生环境中重建地图和定位导航任务，可以有效增强自动驾驶车辆行驶的安全性和可靠性。在自动驾驶相关领域，一些大型航空公司和机场联合开发布置了机场限制区域内的自动行驶系统，系统中对 SLAM 技术进行了实际应用。在机场环线的自动驾驶产品实践中，结合场景需求，在 GNSS 和 IMU 模块之外，新增采用了 SLAM 技术进行自车位置推测，实现了机场内环线巴士行驶状态的本地化管控。但目前 SLAM 技术在智能车自动驾驶领域的应用研究仍然在 GNSS 的影响下，距离 GNSS 拒止条件下的 SLAM 独立自主应用还有一定的距离。同时，开放路况下对陌生环境和动态物体辨识要求进一步提升，SLAM 系统还需要进一步地提高精度和强化多路复用等功能。

1.3　视觉/惯性定位技术发展

　　根据搭载传感器的类型，SLAM 技术可分为激光 SLAM 与视觉 SLAM[15]。由于激光雷达成本较高，且无法获取周围环境的纹理信息，因此使用范围较小。与此同时，由于相机具有价格便宜、信息量大以及适用范围广的优点，视觉 SLAM 技术成为了 SLAM 技术的主流并且在近年来发展十分迅速[16]。

1.3.1　视觉 SLAM 的发展与研究现状

　　视觉 SLAM 主要是通过相机作为传感器从陌生的环境中获取图像信息，然后从图像中提取特征信息并匹配，最终计算得到载体位姿。根据相机工作原理的不同可以将其分为单目相机[17]、双目相机[18]、深度（RGB-D）相机[19] 和事件相机[20]。单目相机的优点在于传感器简单、成本低廉，但是由于二维图像不具有深度信息，所以只有在平移相机之后才能计算深度，而且其具有尺度不确定性。与单目相机相比，双目相机由两个单目相机组成，其原理是模仿人的两个眼睛进行工作。双目相机能够根据基线（两个相机光心之间的距离）估算出空间中像素点的位置，但是相对于人类的双眼，计算机中的双目需要经过大量的计算才能得到空间中像素点的深度，且其可测量的深度范围极大地受限于双目基线的长度与分辨率。深度相机（又称 RGB-D 相机）可以通过红外结构光以及飞行时间法（Time-of-Flight，TOF）原理，利用自身向外界发射光并且接受反射光，测量目标点与相机的间隔，无需进行复杂的运算。但是深度相机存在测距范围小、噪声大以及易受光照影响的缺点，所以其应用范围大都在室内环境，在室外应用效果较差。事件相机是近几年兴起的一种与传统相机截然不同的新型相机，其通过观察图像中像素点灰度的变化然后输出相应的数据，具有低延时性、高动态范围以及低功耗等优点，与传统相机相比其在高速、高动态运动的情况下有着更好的鲁棒性。

根据 SLAM 前端对相机输入图像的处理方式可以将视觉 SLAM 主要分为两大类：特征点法和直接法。基于特征点法视觉 SLAM 理论成熟，有众多的优秀开源方案。常用的特征点提取方法有 Harris[21]、FAST[22] 以及 ORB[23] 等。特征点法首先对相机输入的每一帧图像提取相应的特征点并且计算其描述子，然后通过不同图像帧中特征点的匹配利用对极几何、EPnP[24] 以及 ICP[25] 等算法初步计算相机位姿，最后根据观测点与投影点之间的距离构建重投影误差模型，通过最小化重投影误差进一步优化相机位姿。特征点法理论成熟，而且不易受光照的影响，但是在低纹理环境中，无法从相机输入的图像中提取足够的特征点，导致 SLAM 系统定位误差较大甚至完全失效。直接法只需利用图像中像素点的灰度信息来计算相机位姿，节省了提取和匹配特征点的计算量，同时也不会由于特征缺失而失效。但是直接法的理论基础是灰度不变假设，该假设是一个很强的假设，当相机处于一个光照变化剧烈的环境或者相机自身运动速度较大时，直接法就会失效。

第一个基于单目相机的实时视觉 SLAM 系统是 2007 年由 A. J. Davison 等人提出的 MonoSLAM[26]。该系统前端对单目相机输入的图像提取 Shi-Tomasi 角点并匹配[27]，后端使用扩展卡尔曼滤波（Extend Kalman Filter，EKF）进行优化。早期的 SLAM 系统在后端优化中大都使用滤波的方法来处理，但是基于滤波器的后端优化只考虑了相邻两帧之间的信息，无法进行全局优化。同年，G. Klein 等人将光束平差法（Bundle Adjustment，BA）用于视觉 SLAM 中提出了 PTAM 系统[28]。PTAM 第一次提出了双线程结构，其将跟踪线程与建图线程作为独立任务并行执行，并且从图像帧中筛选关键帧进行定位，极大地提高了 SLAM 系统的性能。PTAM 对关键帧的选择、相机的位姿估计以及跟踪后的重定位策略都对后面的算法研究提供了一个良好的方案。PTAM 系统的开源对视觉 SLAM 的发展有着重要的意义，许多视觉 SLAM 的研究都是建立在 PTAM 系统的基础上。基于 PTAM 系统，浙江大学 CAD&CC 国家重点实验室张国锋课题组于 2013 年提出了面向于动态场景的 RDSLAM[29]，于 2016 年提出了面对快速运动与强旋转的 RK-SLAM[30]。

继 PTAM 之后，2015 年，R. Mur-Artal 等人提出了一种更加完善与先进的基于特征点法的视觉 SLAM 系统——ORB-SLAM[31]。相比于 PTAM 在前端使用的不具有旋转不变性的 FAST 角点，其使用加入方向信息的 ORB 特征点进行位姿估计。该系统由 3 个线程组成：跟踪、局部建图以及闭环检测。在跟踪线程中提取特征点对相机位姿进行初步估计，并且筛选关键帧插入到局部建图线程中。在局部建图线程中接收关键帧并执行局部 BA，对相机位姿进行优化，同时删除冗杂关键帧。最后在回环检测线程中使用 DBow2 算法加速闭环匹配帧的筛选。在 ORB-SLAM 的基础上，R. Mur-Artal 等人于 2016 年提出并开源了 ORB-SLAM2 系统[32]，其在原系统中增加了一个预处理线程，并且将原来的单目 SLAM 系统扩展到了单目、双目以及深度相机 3 种主流的视觉传感器上，扩展了原系统的适用范围。

最早的基于直接法的视觉 SLAM 系统是在 2011 年 R. A. Newcombe 等人提出的 DTAM 系统[33]，是一种直接稠密的 SLAM 系统。该系统使用深度相机构建稠密深度地图，并且通过深度地图直接进行图像匹配从而计算相机位姿。其在低纹理环境以及快速运动的场景中有着较好的鲁棒性，但是由于 DTAM 需要计算每一个像素点的深度信息，并且进行全局优化，所以其计算量非常大，需要同时使用 CPU 与 GPU 计算才能实时运行。2014 年，Engel 等人提出了基于直接法的 LSD-SLAM 系统[34]，该 SLAM 系统构建了一个基于单目相机的直接法视觉 SLAM 框架，提出了一种基于相似变换空间对应的李代数的直接跟踪法，并且在图像跟踪线程中，采用一种基于概率的算法来处理噪声对像素点深度信息的影响。该算法对关键帧进行 BA 优化位姿，并没有进行全局优化，有效地减少了算法的计算量。随后，D. Caruso 等人在原算法的基础上扩展了其在全向相机[35]与双目相机[36]中的应用方法，还将算法应用于汽车在行使中构建街道场景[37]。

C. Forster 等人在 2014 年提出了一个基于半直接法的视觉里程计算法SVO[38]。该算法将特征点法中特征点跟踪与建图双线程并行运行以及筛选关键帧的特点融合到直接法的框架中。SVO 算法在关键帧中提取特征点，同时通过直接法估计相机位姿，另外通过深度滤波器来估计点的位姿。SVO 算法的优点是实时性较好，计算量低，但是由于其没有进行后端优化与回环检测，必然会随着时间的推移而不断地累计误差。2018 年，S. Y. Loo 等人在 SVO 的基础上使用神经网络预测单目图像的深度，同时也改进了 SVO 的建图线程[39]。

2016 年，基于 LSD-SLAM 系统框架，J. Engel 等人提出了 DSO 系统[40]。DSO 提出了光度标定过的相机能够使直接法更具鲁棒性，同时，在优化过程中对相机的光度参数进行动态优化，提高了算法的精确度与鲁棒性。此外，DSO 系统前端使用稀疏直接法，节省了大量的计算资源，提高了 SLAM 系统的实时性。但是 DSO 没有回环线程，随着相机运动会不断地累积误差。2018 年，高翔等人在 DSO 系统的框架上加入回环线程提出 LDSO 系统，进一步提高了 SLAM 系统的精度[41]。近几年来，文献 [42-44] 都对基于直接法的视觉 SLAM 进行了进一步的改进与补充。

1.3.2 视觉惯性 SLAM 的发展与研究现状

纯视觉 SLAM 能够使用相机从周围环境中获取丰富的信息，然后进行定位与建图，其拥有成本低、简易轻便等优点，但是缺点也十分明显，当相机处于剧烈运动、过度光照、快速旋转以及缺失纹理的环境下时，视觉 SLAM 的鲁棒性会比较差。惯性导航系统（Inertial Navigation System，INS）可以以很高的频率输出自身的运动信息，而且不受外界因素的影响，主要以 IMU 为主。由于视觉 SLAM 不会随着时间推移产生累积误差，所以其正好可以对 IMU 的零偏和常值漂移误差进行有效补偿。同时，相机与 IMU 的成本都比较低且使用起来轻便简易，因此，视觉传感器与 IMU 融合可以优劣互补，能够显著提高 SLAM 系统的定位精度和鲁棒性。

近年来，视觉惯性 SLAM 技术也在飞快地发展，根据视觉传感器和惯性传感器的融合方式不同，可以将其分为松耦合和紧耦合两种。其中松耦合是指 SLAM 系统分别通过视觉传感器与 IMU 计算载体位姿，然后再将两者的计算结果进行融合后输出。在众多基于松耦合的算法中，苏黎世联邦理工学院的 S. Weiss 等人提出的 SSF 系统最为经典[45]。该算法使用 EKF 的框架，将 IMU 信息与 PTAM 输出的相机位姿信息进行融合，有效提升了 SLAM 系统的鲁棒性。松耦合将不同传感器的数据分开处理，这样虽然计算效率高，但是其忽略了不同传感器之间的关联性，无法将视觉惯性融合的优势发挥到最大。

紧耦合是指将相机输入信息与 IMU 输入信息处理过后共同建立误差函数，通过优化误差函数来计算相机位姿。紧耦合能够更加充分地融合视觉和惯性数据,真正达到优劣互补的效果。紧耦合的方法又分为两种:基于滤波的 SLAM 和基于优化的 SLAM。

基于滤波的紧耦合算法一般基于 EKF 框架,在算法运行过程中,使用 IMU 输出的信息进行预测,使用相机输出的信息进行更新。A. I. Mourikis 等人于 2017 年提出了 MSCKF 系统[46],该系统改进了传统的 EKF 框架,其将不同时刻下的相机位姿加入到状态向量中,由于特征点会被不同的图像帧观测到,所以可以在不同相机状态之间构造几何约束,进而对 EKF 进行更新。相比于传统算法将特征点加入到状态向量中,该算法大大减少了计算量,有效提高了算法的运行效率。2015 年,M. Bloesch 等人提出了 ROVIO 系统[47],也是基于 EKF 框架,但是其在更新阶段使用图像块的亮度误差作为 EKF 的测量残差项,而且其使用 QR 分解降低最小二乘问题的规模,加快 EKF 求解速度。该算法鲁棒性较强且实时性较好,可以用于快速运动场景。

2012 年,H. Strasdat 等人证明,在同等计算条件下,基于优化的方法精度要高于基于滤波的方法[48],所以近年来基于优化的视觉惯性 SLAM 系统逐渐地成为了研究的热门。S. Leutenegger 等人于 2015 年提出了一种基于特征点法的视觉惯性 SLAM 系统——OKVIS[49]。该算法在前端提取 Harris 角点并计算 BRISK 描述子进行匹配,后端使用滑动窗口来优化关键帧,将视觉、IMU 信息统一构建目标函数并且优化。保持滑动窗口的规模不变,当有新的关键帧插入时,会将最早的关键帧边缘化,由此来维持信息矩阵维度不变。2016 年,C. Foster 等人提出了 IMU 预积分的理论[50],并且在 SVO 的框架中加入惯性信息[51],使用优化法将视觉与惯性信息融合。2017 年,香港科技大学的 T. Qin 团队提出了 VINS-Mono 系统[52],该算法基于滑动窗口进行后端优化,使用视觉惯性对齐的方法进行初始化、采用回环检测的方法消除累计误差,是目前视觉惯性 SLAM 系统中较为出色的方案。2019 年,该团队在此基础上提出了 VINS-Fusion 系统[53],将原算法扩展为双目与 IMU、GPS 的融合算法。2017 年,R. Mur-Artal 等人在 ORB-SLAM2 系统的框架中加入 IMU 预积分提出了 VIORB-SLAM[54]。其主要改进了单目初始化与闭环检测,通过 IMU 初始化估计重力信息、速度以及 IMU 的偏差。2020 年,该团队在之前系统的基础上设计了 ORB-SLAM3 系统[55],这是一个极其强大的视觉惯性 SLAM 系统,其支持视觉与视觉加 IMU,并且可以通过单目、双目以及 RGB-D 相机使用针孔或者鱼眼相机模型运行,包括 IMU 初始化在内,该算法全部依赖于最大后验估计。ORB-SLAM3 中的地图,大致上采用 ORB-SLAM1/2 和 ORBSLAM-Atlas 的方法完成了重定位、回环和地图融合,在小型和大型、室内和室外环境中可以实时、高效和稳定地运行。后续研究者继续在各方面做出改进,表 1-3 简

11

述了视觉惯性 SLAM 的代表性情况[56]。

表 1-3　视觉惯性 SLAM 代表性方案

方　案	前端理论	优化理论	适用模式	地图类型	特　点
ROVIO[47]	光流跟踪	IEKF	单目视觉/惯性	轨迹地图	采样基于 QR 分解的测量空间缩减方法
OKVIS[48]	特征点法	局部 BA	双目视觉/惯性	轨迹地图	紧耦合视觉惯性数据
VINS-Mono[52]	光流跟踪	局部 BA	单目视觉/惯性	轨迹地图	支持静止初始化
ORB-SLAM3[55]	特征点法	局部 BA	单、双目视觉/惯性、RGB-D	点云地图	基于特征的紧耦合框架
Struct-VIO[57]	特征点法	MSCKF	单目视觉/惯性	点云地图	采用结构化线特征
OpenVINS[58]	光流跟踪	EKF	单目视觉/惯性	稀疏地图	提供各种工具箱
VINS-RSD[59]	特征点法	局部 BA	单目视觉/惯性、RGB-D	稠密地图	适用卷帘快门 RGB-D 相机

目前，视觉惯性 SLAM 主要的研究方向有以下几个方面。一是构建语义地图、在帧间匹配和回环检测等 SLAM 模块中采用深度学习的方法。例如，在 2024 年 ICRA 中，DVI-SLAM[60]提出了一种具有双视觉因素的新型深度 SLAM 网络，其基本思想是通过多因子数据关联模块将测光因子和重投影因子整合到端到端可微分结构中。二是轻量化 SLAM 框架。例如，在 2023 年 CVPR 中，FeatureBooster[61]在传统的特征匹配过程中引入轻量级描述符增强网络，可以很好地优化 ORB、SIFT、SuperPoint、ALIKE 等特征点。三是多传感器融合来增强效果。当场景特别大时，视觉和 IMU 传感器的效果将不太理想，引入激光雷达等传感器可以给整个系统提供更准确的深度信息，但由此带来的更复杂的标定与融合方面的问题需要进一步研究。

1.4　研究目标、内容和组织架构

1.4.1　研究目标

21 世纪以来，在第四次工业革命浪潮的推动下，各行各业都在进行飞速发展，其中智能车辆的发展尤为迅速。同时，伴随着环境感知、自动控制、语音处理等技术的不断发展以及计算机性能的快速进步，智能车辆的发展日新月异。2024 年 11 月 17 日，工信部、公安部、自然资源部、住建部、交通运输部五部门联合发布了《关于公布智能网联汽车"车路云一体化"应用试点城市名单的通知》，推动智能汽车产品上路通行和推广应用，促进自动驾驶产业高质量发展。乘用车在 GNSS 的助力下目前已经可以达到车道级导航的定位精度，但是特种车辆在 GNSS 拒止条件下的定位导航仍有很多关键问题没有解决，限制了数据成果的精度。尤其是结合我国内外部环境的现实情况，智能车辆技术起步较晚、研究基础较为薄弱，卫星系统受威胁程度高，智能车辆技术在国防军事、灾害应急和复杂环境等领域应用需求大、迫切程度高。

本书尝试在前人研究的基础上，以 GNSS 拒止条件下的智能车辆自主定位需求为牵引，着眼车载视觉/惯性里程计通用架构的关键技术，围绕车辆运动估计、像素/亚像素融合、点线特征结合和特征合并等关键技术，综合考虑智能车辆视觉/惯性定位的架构设计、实际操作、数据处理和效果验证，开展全过程理论分析、技术配套和试验验证，以期形成一套适用于智能车辆视觉/惯性定位的数据处理理论和方法，从而拓展 GNSS 拒止条件下视觉/惯性定位设备搭载载体的选择范围，摆脱视觉/惯性定位的特定条件限制，为进一步推动智能车辆视觉/惯性定位技术发展提供支撑。

1.4.2　研究内容与组织架构

本书以智能车辆定位定向为研究背景，深入调研当前研究现状，简述视觉/惯性融合的理论基础，以 GNSS 拒止条件下智能车视觉/惯性定位关键技术为研究内容，结合视觉/惯性定位实验试验条件，分别研究基于车辆运动估计的立体视觉定位、基于像素/亚像素融合的特征检测方法、基于点线特征结合的前端处理算法和基于特征合并的后端优化方法。

本书组织架构安排如图 1-2 所示。

本书主要内容分为 7 章，具体章节安排如下。

第 1 章为绪论。首先概述了智能车自主定位技术，从智能车自动驾驶技术发展、智能车定位技术发展进行介绍，引出了目前车辆自主定位领域中应用广泛的视觉/惯性定位技术；其次简述了国内外关于视觉 SLAM 和视觉惯性 SLAM 的发展研究现状，介绍了有关 SLAM 的发展沿袭和前沿工作；最后介绍了本文的研究目标、内容和组织架构，梳理了本书的主要工作和贡献。

第 2 章为视觉/惯性组合定位基础理论。首先介绍了视觉传感器类型及应用，说明视觉传感器在智能车领域应用的优缺点；其次简述了特征点的提取与图像特征匹配与跟踪，说明影响视觉里程计系统实时性的重要因素；随后讲解了视觉惯性导航系统架构，说明视觉惯性联合标定流程；最后详细介绍了捷联式惯性导航系统。

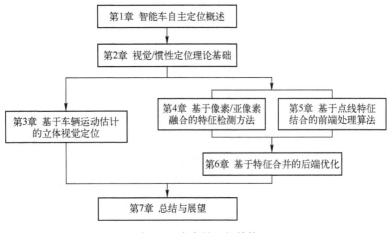

图 1-2 本书的组织结构

第 3 章为基于车辆运动估计的立体视觉定位。首先介绍了不同于单目相机模型的双目相机模型，对极几何约束、本质矩阵这两部分关于 2D-2D 的多视角几何知识；其次介绍了立体视觉定位框架，还原出相机及其所在载体的三维坐标信息和运动情况；然后建立并分析车辆运动模型，在视觉里程计系统估计结果明显错误时加以修正；最后搭建基于车辆运动估计的立体视觉定位算法。

第 4 章为基于像素/亚像素融合的特征检测方法。首先介绍了不同于传统图像特征检测方法的亚像素级特征检测算法，在硬件条件不变的情况下获得更高的检测精度；其次介绍了基于光流法的点线特征匹配，以及像素/亚像素特征相结合检测算法流程，使点特征提取精度达到亚像素级别；最后通过算法性能分析和定位精度分析两个方面，采取 EuRoC 公共数据集来进行算法验证。

第 5 章为基于点线特征结合的前端处理算法。首先介绍了点线融合 VSLAM 的发展与研究现状，具体说明了 LSD、LBD 和 EDLines 的线特征提取方法，从点特征重投影误差模型和线特征重投影误差模型两个模型总结了点线特征重投影误差模型，通过最小化重投影误差对相机位姿进行迭代优化；其次介绍了基于亚像素级点线特征融合定位算法，保证线特征精度与点特征的亚像素精度保持一致性，进行实验分析验证；最后进一步对算法中的线特征进行筛选，从而提高线特征质量减少特征匹配数量，提出了基于亚像素级点线特征融合优化定位算法，并进行实验分析。

第 6 章为基于特征合并的后端优化。首先介绍了惯性测量误差模型与预积分，为视觉/惯性融合进行铺垫；其次使用滑动窗口模型进行后端优化，控制后端优化的计算量,从关键帧的选择、融合视觉惯性信息的后端优化、基于图像信息熵的点线融合模式、边缘化策略 4 个方面进行详细说明;最后提出了亚像素级点线特征合并优化的定位算法,详细说明了滑动窗口算法和定位算法流程,并进行了定位精度实验分析和真实场景实验分析。

第 7 章为总结与展望。对全书进行了梳理和总结,对后续研究工作提出了进一步展望和建议。

参 考 文 献

[1] CHEN L, WU P, CHITTA K, et al. End－to－end autonomous driving: challenges and frontiers [J]. IEEE Transactions on Pattern Analysis and Machine Intelligence, 2024, 46 (12): 10164-10183.

[2] LU Y Q, MA H J, SMART E, et al. Real-time performance-focused localization techniques for autonomous vehicle: a review [J]. IEEE Transactions on Intelligent Transportation Systems, 2022, 23 (7): 6082-6100.

[3] HASAN N, AZIZ A A, MAHMUD A, et al. Vehicle sensing and localization in vehicular networks [J]. International Journal of Technology, 2024, 15 (3): 641-653.

[4] JIN S G, WANG Q S, DARDANELLI G. A review on multi-gnss for earth observation and emerging applications [J]. Remote Sensing, 2022, 14 (16): 3930.

[5] JASMINE Z, ELIJAH I A, KAMPERT E, et al. GNSS vulnerabilities and existing solutions: a review of the literature [J]. IEEE Access, 2021, 9: 153960-153976.

[6] BERBER M, ARSLAN N. Network RTK: a case study in florida [J]. Measurement, 2013, 46 (8): 2798-2806.

[7] CAVALHERI E, PEREIRA D S, MARCELO C. Improved kinematic precise point positioning performance with the use of map constraints [J]. Journal of Applied Geodesy, 2020, 14 (2): 191-204.

[8] SOMLYAI L, VAMOSSY Z. Improved RGB-D camera-based SLAM system for mobil robots [J]. Acta Polytechnica Hungarica, 2024, 21 (8): 107-124.

[9] MEI J F, ZUO T, SONG D. Highly dynamic visual slam dense map construction based on indoor environments [J]. IEEE Access, 2024, 12: 38717-38731.

[10] ZHU H F, XU J H, CHEN J H, et al. BiCR-SLAM: a multi-source fusion SLAM system for biped climbing robots in truss environments [J]. Robotics and Autonomous systems, 2024, 176: 104685.

[11] WANG Z G, ZHAN J, DUAN C G, et al. A review of vehicle detection techniques for intelligent vehicles [J]. IEEE Transactions on Neural Networks and Learning Systems, 2023, 34 (8): 3811-3831.

[12] VARGAS J, ALSWEISS S, TOKER O, et al. An overview of autonomous vehicles sensors andtheir vulnerability to weather conditions [J]. Sensors, 2021, 21 (16): 5397.

[13] BOGUSPAYEV N, AKHMEDOV D, RASKALIYEV A, et al. A comprehensive review of GNSS/INS integration techniques for land and air vehicle applications [J]. Applied Sciences-Basel, 2023, 13 (8): 4819-4819.

[14] LIU Q, LI Z R, YUAN S H, et al. Review on vehicle detection technology for unmanned ground vehicles [J]. Sensors, 2021, 21 (4): 1354.

[15] CADENA C, CARLONE L, CARRILLO H, et al. Past, present, and future of simultaneous localization and mapping: towards the robust-perception age [J]. IEEE Transactionson Robotics, 2016, 32 (6): 1309-1332.

[16] KAHLER O, PRISACARIU V A, REN C Y, et al. Very high frame rate volumetric integration of depth images on mobile devices [J]. IEEE Transactions on Visualization and Computer Graphics, 2015, 21 (11): 1241-1250.

[17] 祝朝政, 何明, 杨晟, 等. 单目视觉里程计研究综述 [J]. 计算机工程与应用, 2018, 54 (7): 20-28.

[18] 谭静, 赵健康, 崔超. 基于双目视觉与 IMU 的组合导航算法 [J]. 计算机工程与设计, 2021, 42 (2): 442-448.

[19] ESSMAEEL K, GALLO L, DAMIANI E, et al. Temporal denoising of kinect depth data [C]// Proceedings of 8th International Conference on Signal Image Technology & Internet Based Systems. Italy: IEEE, 2013, 47-52.

[20] LI H, SHI L. Robust event-based object tracking combining correlation filter and CNN representation [J]. Frontiers in Neurorobotics, 2019 (13): 82-92.

[21] 吴国楠, 周超超, 尹文波. 基于 Harris 角点与改进 Hu 矩的电子稳像算法 [J]. 计算机工程, 2013, 39 (3): 300-305, 310.

[22] ROSTEN E, PORTER R, DRUMMOND T. Faster and better: a machine learning approach to corner detection [J]. IEEE Transactions on Pattern Analysis and Machine Intelligence, 2008 (32): 105-119.

[23] RUBLEE E, RABAUD V, KONOLIGE K, et al. ORB: an efficient alternative to SIFT or SURF [C]// Proceedings of International Conference on Computer Vision. Spain: IEEE, 2011: 2564-2571.

[24] LEPETIT V, MORENO-NOGUER F, FUA P. EPnP: an accurate on solution to the PnP problem [J]. International Journal of Computer Vision, 2009, 81 (2): 155-166.

[25] LI C, LUO X, DU S, et al. A method of registration based on skeleton for 2-D shapes [C]// Proceedings of International Congress on Image and Signal Processing: CISP, 2012: 810-813.

[26] DAVISON A J, REID I D, MOLTON N D, et al. MonoSLAM: real-time single camera SLAM [J]. IEEE Transactions on Pattern Analysis and Machine Intelligence, 2007, 29

（6）：1052-1067.

[27] SHI J, TOMASI C. Good features to track [C]// Proceedings of IEEE Conference on Computer Vision and Pattern Recognition. Los Alamitos: IEEE Computer Society Press, 1994: 593-600.

[28] KLEING, MURRAY D. Parallel tracking and mapping for small AR workspaces [C]. IEEE and ACM International Symposium on Mixed and Augmented Reality, 2007: 225-234.

[29] TAN W, LIU H M, DONG Z L, et al. Robust monocular SLAM in dynamic environments [C]// Proceedings of 12th IEEE and ACM International Symposium on Mixed and Augmented Reality - Arts, Media, and Humanities. Australia: IEEE, 2013: 209-218.

[30] LIU H M, ZHANG G F, BAO H J. Robust keyframe-based monocular SLAM for augmented reality [C]// Proceedings of 15th IEEE International Symposium on Mixed and Augmented Reality. Merida: IEEE, 2016: 340-341.

[31] MUR-ARTAL R, MONTIEL J M M, TARDÓSJUAN D. ORB-SLAM: a versatile and accurate monocular SLAM system [J]. IEEE Transactions on Robotics, 2015, 31 (5): 1147-1163.

[32] MUR-ARTAL R, TARDÓSJUAN D. ORB-SLAM2: an open-source SLAM system for monocular, stereo, and RGB-D cameras [J]. IEEE Transactions on Robotics, 2017, 33 (5): 1255-1262.

[33] NEWCOMBE R A, LOVEGROVE S J, DAVISON A J. DTAM: dense tracking and mapping in real-time [C]// Proceedings of IEEE International Conference on Computer Vision. Spain: IEEE, 2011: 2320-2327.

[34] ENGEL J, SCHOPS T, CREMERS D. LSD-SLAM: large-scale direct monocular SLAM [C]// Proceedings of 13th European Conference on Computer Vision. Berlin: Springer, 2014: 834-849.

[35] CARUSO D, ENGEL J, CREMERS D. Large-scale direct SLAM for omnidirectional cameras [C]// Proceedings of IEEE/RSJ International Conference on Intelligent Robots and Systems. Hamburg: IEEE, 2015: 141-148.

[36] ENGEL J, STÜCKLER J, CREMERS D. Large-scale direct SLAM with stereo cameras [C]// Proceedings of IEEE/RSJ International Conference on Intelligent Robots and Systems. Hamburg: IEEE, 2015: 1935-1942.

[37] USENKO V, ENGEL J, STUCKLER J, et al. Reconstructing street-scenes in real-time from a driving car [C]// Proceedings of International Conference on 3D Vision. Lyon, France: Autodesk, 2015: 607-614.

[38] FORSTER C, PIZZOLI M, SCARAMUZZA D, et al. SVO: fast semi-direct monocular visual odometry [C]// Proceedings of IEEE International Conference on Robotics and Automation. Hong Kong, China: IEEE, 2014: 15-22.

[39] LOO S Y, AMIRI A J, MASHOHOR S, et al. CNN-SVO: improving the mapping in semi-direct visual odometry using single-image depth prediction [C]// Proceedings of IEEE Inter-

national Conference on Robotics and Automation. Montreal, Canada: Bosch, 2019: 5218−5223.

[40] JENGEL V, KOLTUN D. Direct sparse odometry. [J] IEEE Transactions on Pattern Analysis and Machine Intelligence, 2017, 2 (2): 789−801.

[41] GAO X, WANG R, DEMMEL N, et al. LDSO: direct sparse odometry with loop closure [C]// Proceedings of International Conference on Intelligent Robots and Systems. Madrid, Spain: IEEE, 2018: 2198−2204.

[42] RUI W, MARTIN S, DANIEL C. Stereo DSO: large−scale direct sparse visual odometry with stereo cameras [C]// Proceedings of IEEE International Conference on Computer Vision. Venice, Italy: IEEE, 2017: 3923−3931.

[43] NAN J, DEBIN H, JING C, et al. Semi−direct monocular visual−inertial odometry using point and line features for IoV [J]. ACM Transactions on Internet Technology, 2021, 22 (1): 1−23.

[44] 贾嫣晗, 邹风山, 徐方, 等. 完全在线的双目直接法视觉SLAM算法 [J]. 控制与决策. 2023, 38 (11): 3093−3102.

[45] WEISS S, SIEGWART R. Real−time metric state estimation for modular vision−inertial systems [C]// Proceedings of IEEE International Conference on Robotics and Automation. Shanghai, China: IEEE, 2011: 4531−4537.

[46] MOURIKIS A I, ROUMELIOTIS S I. A multi−state constraint Kalman filter for vision−aided inertial navigation [C]// Proceedings of IEEE International Conference on Robotics and Automation. Rome, Italy: IEEE, 2007: 3565.

[47] BLOESCH M, OMARI S, HUTTER M, et al. Robust visual inertial odometry using a direct EKF−based approach [C]// Proceedings of IEEE International Conference on Intelligent Robots and Systems. Hamburg, Germany: IEEE, 2015: 298−304.

[48] STRASDAT H, MONTIEL J, DAVISON A J. Visual slam: why filter? [J]. Image and Vision Computing, 2012, 30 (2): 65−77.

[49] LEUTENEGGER S, FURGALE P, RABAUD V, et al. Keyframe−based stereo visual−inertial slam using nonlinear optimization [C]// Proceedings of Global Intelligent Industry Conference. Beijing, China: SPIE−INT, 2013: 1−8.

[50] FORSTER C, CARLONE L, DELLAERT F, et al. IMU preintegration on manifold for efficient visual−inertial maximum−a−posteriori estimation [C]// Proceedings of Robotics: Science and Systems. Rome, Italy: MIT PRESS, 2015: 1−10.

[51] FORSTER C, CARLONE L, DELLAERT F, et al. On−manifold preintegration for real−time visual−inertial odometry [J]. IEEE Transactions on Robotics, 2017, 33 (1): 1−21.

[52] QIN T, LI P, SHEN S. VINS−mono: a robust and versatile monocular visual−inertial state estimator [J]. IEEE Transactions on Robotics, 2018, 34 (4): 1004−1020.

[53] QIN T, PAN J, CAO S, et al. A general optimization−based framework for local odometry estimation with multiple sensors [J]. arXiv Preprint arXiv: 1901.03638, 2019.

[54] MUR-ARTAL R, TARDÓS J D. Visual-inertial monocular SLAM with map reuse [J]. IEEE Robotics and Automation Letters, 2017, 2 (2): 796-803.

[55] CAMPOS C, ELVIRA R, et al. ORB-SLAM3: an accurate open-source library for visual, visual-inertial, and multimap SLAM [J]. IEEE Transactions on Robotics, 2021, 37 (6): 1874-1890.

[56] 黄凤堂. 基于视觉惯性 SLAM 的自动驾驶车辆导航算法研究 [D]. 桂林：桂林电子科技大学, 2023.

[57] ZOU D P, WU Y X, PEI L, et al. StructVIO: visual-inertial odometry with structural regularity of man-made environments [J]. IEEE Transactions on Robotics, 2019, 35 (4): 999-1013.

[58] PATRICK G, KEVIN E, WOOSIK L, et al. OpenVINS: a research platform for visual-inertial estimation [C]// Proceedings of IEEE International Conference on Robotics and Automation. Paris, France: IEEE, 2020: 4666-4672.

[59] CAO L K, XIAO X H. A visual-inertial SLAM method based on rolling shutter RGB-D cameras [J]. ROBOT, 2021, 43 (2): 193-202.

[60] PENG X F, LIU Z H, LI W M, et al. DVI-SLAM: a dual visual inertial SLAM network [C]// Proceedings of IEEE International Conference on Robotics and Automation. Yokohama, Japan: IEEE, 2024: 12020-12026.

[61] WANG X J, LIU Z Y, HU Y, et al. FeatureBooster: boosting feature descriptors with a lightweight neural network [C]// Proceedings of IEEE/CVF Conference on Computer Vision and Pattern Recognition. Vancouver, Canada: IEEE, 2023: 7630-7639.

第2章 视觉/惯性定位理论基础

2.1 视觉传感器类型及应用

摄像头传感器是惯性/视觉定位系统中不可或缺的核心传感器之一。其可以利用光敏材料，通过将光信号转换为电信号来实现图像捕获和数字化[1]。摄像头传感器在智能车上的应用经历了漫长的发展阶段。1956年，Buick 推出了首个搭载摄像头传感器的概念车型 Centurion，配备的后置广角摄像头可以取代后视镜，拍摄车后的影像传输显示在控制台屏幕来提供环境视野。这种想法提供了很好的借鉴意义，后续的许多公司进而研究在车辆上配置摄像头传感器的意义和作用。发展至今，摄像头传感器可弥补雷达传感器等在物体识别上的缺陷，实现 360° 环境感知、盲区检测、车道保持、物体检测等重要功能，被誉为"最接近人类视觉的传感器"。摄像头传感器主要应用于行车记录、倒车影像和 360° 全景感知等多种场景，是自动驾驶领域的核心传感设备之一[2]。

相较于其他传感器，摄像头传感器的优点主要有技术成熟、直观的拟人化视野和庞大的数据量等。起初，摄像头传感器的主要职责是进行行车记录和辅助倒车，对分辨率要求较低。伴随自动驾驶及级别要求的提升，摄像头需要从基础的辅助功能逐步发展成为 ADAS 甚至是自动驾驶的需求，分辨率也从开始的几十万像素逐步升级到几百万像素[3]。依据安装位置不同，车载摄像头传感器主要可分为前视、后视、环视、侧视、内视摄像头五大类，其在应用过程中的数量情况、摄像头类型、分辨率、基本描述和实现 ADAS 功能如表 2-1 所列。由表可知，当前车载摄像头承担了复杂且重要的环境感知任务，涉及 ADAS 的方方面面。

表 2-1　车载摄像头传感器分类及功能实现情况

安装部位	相机类型	个数	分辨率	基本描述	ADAS 功能
前视	单目/双目	1~4	1080P 及以上	安装于前挡风玻璃	前车防撞预警 FCW、车道偏离预 LDW、交通标志识别 TSR、行人碰撞预警 PCW
	广角/普通	1~2	720P 及以上	实时记录前方路况	行车记录仪
			480P	使用红外摄像头收集周围物体热量信息,以增加夜间行车的安全性	夜视摄像头
后视	广角	1~4 个	480P 及以上	安装在车后尾上,实现泊车辅助	泊车辅助 PA、流媒体后视镜
环视	广角/鱼眼	4~8 个	480P 及以上	安装在车四周装配四个摄像头进行图像拼接,加入算法实现道路全景感知	环视 SV、全景泊车 SVC
侧视	2~4 个	普通	720P 及以上	安装在后视镜下方部位	盲点监测 BSD、变道辅助
内视	1~3 个	广角/普通	720P 及以上	安装在车内后视镜外监测扒车状态	疲劳检测 DFM、注意力检测系统 DMS、安全录像

依据摄像头自身的镜头数量,可以分为单目、双目、多目摄像头传感器。受车规级芯片处理数据能力的制约,目前,行业主流的方式是基于单目摄像头来进行环境感知和路况判别,对芯片的性能和算力进一步优化。例如,Mobileye 作为全球最大的 L2 级自动驾驶芯片供应商,于 2022 年发布面向 L4 级自动驾驶的芯片 EyeQ Ultra,其性能相当于 10 片 EyeQ 5 的性能之和。但是单目摄像头存在定焦局限,在探测范围和探测距离之间无法兼顾,即视角变宽时,可得最大精度的探测距离不可避免下降。为解决此问题,双目摄像头能依据互补原则进行匹配计算视差,从而预估目标的距离。其代表为 Subaru 的 Eyesight Version 3.0,这是全球唯一舍弃雷达而仅凭双目摄像头传感器进行辅助驾驶的 ADAS。与此同时,多目相机既可以增加传感器种类来提高对复杂环境的适应性,又可以增加朝向以拓展视野范围,得到了研究人员的关注。多目摄像头可以配置不同焦距的摄像头来扫描不同范围的区域,其重点、难点在于协调处理重叠区域不一致的识别感知结果。图 2-1 所示为 Tesla 的 Model 3 搭载的前视三目摄像头[4],分别由前视宽视野、主视野、窄视野摄像头构成,具备了宽角度探测复杂路况、远距离探测高速场景的能力。Foresight 开发的 QuadSight 四目感知系统,在双目摄像头的基础上增加了一对长波红外摄像头,更利于在夜间、雾天等复杂气候情况下的行驶。

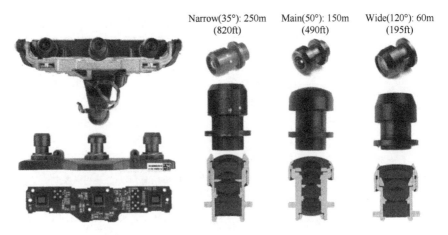

Narrow(35°): 250m Main(50°): 150m Wide(120°): 60m
(820ft) (490ft) (195ft)

图 2-1 Model 3 前视三目摄像头的示意图

2.2 特征点的提取与跟踪

2.2.1 特征点的提取

相机模型是计算机视觉和图像处理中的重要概念，它描述了现实世界中的三维场景是如何通过相机被转换成二维图像的过程。这个模型对于理解和处理图像数据至关重要，因为它涉及几何变换、光学特性以及图像形成的基本物理原理。相机模型、坐标系及变换详情请见附 1.1 节。在确定相机模型后，当系统需要从图像中获得信息时，往往会从图像中选取一些特别的地方进行提取和分析，这些特别的地方称为图像的特征。图像特征一般分为 3 种：角点、边缘和区块，如图 2-2 所示。在 SLAM 进行定位时，不仅需要从图像中选取特征，而且要将提取出的特征信息在不同图像帧中进行匹配，而这 3 种特征中角点是特征信息最为明显的，更容易进行提取和匹配。角点也就是本文所介绍的特征

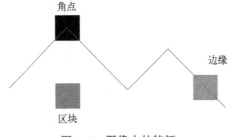

图 2-2 图像中的特征

点。目前，角点检测算法众多，如 Harris 角点[5]、SIFT 角点[6]、FAST 角点[7] 及 Shi-Tomasi 角点[8]等。

1. Harris 角点检测算法

Harris 算法是 C. G. Harris 和 M. Stepehns 于 1988 年提出的一种角点检测算法[5]。Harris 特征检测方法采取卷积窗口滑动的思想，利用角点在图像中各个方向上的变化较为明显的特征，选择滑动窗口在图像上运动[9]。当运动到某一像素点时，窗口内各个方向的像素灰度值都出现较大变化，则该像素点成为角点的概率极大。Harris 角点检测算法利用角点该性质，首先构造反应自相关性质的偏差函数：

$$E(u,v) = \sum_{(x,y)\in W} w(x,y)\left[I(x+u,y+v) - I(x,y)\right]^2 \tag{2.1}$$

式中：窗口函数 $w(x,y)$ 用来滤波；$I(x+u,y+v)$、$I(x,y)$ 分别表示窗口平移后的灰度值和平移前灰度值。

将 $I(x+u,y+v)$ 进行泰勒展开同时舍去二阶以上小量，可得

$$E(u,v) = \sum_{(x,y)\in W} w(x,y)\left[(I_x\ I_y)\begin{pmatrix}u\\v\end{pmatrix}\right]^2 = (u,v)\sum_{(x,y)\in W} w(x,y)\left[\begin{pmatrix}I_x^2 & I_xI_y\\I_xI_y & I_y^2\end{pmatrix}\right]\begin{pmatrix}u\\v\end{pmatrix} \tag{2.2}$$

令 $H = \sum_{(x,y)\in W} w(x,y)\left[\begin{pmatrix}I_x^2 & I_xI_y\\I_xI_y & I_y^2\end{pmatrix}\right]$，称为自相关矩阵，其中 I_x、I_y 分别表示水平、竖直方向上灰度变化率。

自相关矩阵 H 的特征值 λ_1、λ_2 与该处图像主曲率是正比关系，由角点性质可知，当 λ_1、λ_2 都较大时，该点为角点，两者一大一小为边缘点，两者都较小为平坦区域，如图 2-3 所示。

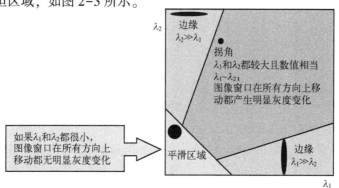

图 2-3　Harris 角点判断示意图

实际应用中，为了能够在代码中更好地实现，设定了角点响应函数 R，其定义如下：

$$R = \det \boldsymbol{M} - k(\operatorname{tr} \boldsymbol{M})^2 \qquad (2.3)$$

其中

$$\begin{cases} \det \boldsymbol{M} = \lambda_1 \lambda_2 \\ \operatorname{tr} \boldsymbol{M} = \lambda_1 + \lambda_2 \\ k = 0.04 \sim 0.06 \end{cases}$$

由式（2.3）可得，R 是由矩阵 $\boldsymbol{M}$ 的特征值 λ_1、λ_2 决定的。当 R 值为大数值正数时，该像素点为角点；当 R 值为大数值负数时，像素区域为边缘部分；当 R 值为小数值时，像素区域为平坦区。由于参数 k 的取值不固定，对角点响应函数 R 进行改进，改进后的公式如下：

$$R = \frac{\left[I_x^2 \times I_y^2 - (I_x \times I_y)^2 \right]}{I_x^2 + I_y^2} \qquad (2.4)$$

由理论推导可得 Harris 算法检测过程如下。

（1）在图像的滑动窗口中利用竖直和水平差分算子对区域内的像素进行计算，并利用滤波进行优化得到 I_x、I_y，从而得出矩阵 $\boldsymbol{M}$ 中 4 个参数的值。

（2）为减少窗口区域内孤立点和凸起的影响，对矩阵 $\boldsymbol{M}$ 中 4 个参数进行高斯平滑滤波处理。

（3）求得矩阵 $\boldsymbol{M}$ 的两个特征值，获得该像素点改进后的角点响应函数 R。

（4）根据非极大值抑制原理，对该区域内所有被判定为角点的 R 值进行比较，选择其中的极大值作为该区域的角点。

（5）当 R 值大于设定阈值且其为该窗口区域的极大值时，将该像素点定为角点。

Harris 检测算法利用像素灰度梯度进行运算，因此像素亮度变化对算法影响不大，不会改变极大值点的位置。又由于矩阵 $\boldsymbol{M}$ 的几何图形为椭圆，所以该角点检测算法具有旋转不变性。但由于检测窗口大小不随图像大小的改变而改变，当输入图像的放大和缩小时，检测窗口内的像素点完全不同，因而不具有尺度不变性的特征。但是该算法检测效果对于阈值选取具有较大依赖性，而且一旦图像尺度有较大变化，角点检测结果不稳定，算法整体鲁棒性不强。

2. SIFT 特征检测算法

SIFT 算法是 D. G. Lowe 于 1999 年提出并于 2004 年完善的图像 BLOB 特征检测算法[6]，该算法包括 4 个基本步骤，分别为尺度空间极值检测、关键点定位、关键点方向分配和关键点描述。下面介绍其中用于完成图像特征检测的两个步骤。

　　首先是尺度空间极值检测，是指在构造的尺度空间中检测出具有局部极值的特征点。尺度空间理论用于模拟图像尺度变化，当尺度参数发生连续变化时，获得对应尺度下的尺度空间表示序列。尺度空间定义如下：

$$L(x,y,\sigma)=G(x,y,\sigma)\times I(x,y) \tag{2.5}$$

式中：σ 为尺度因子，尺度因子越大，图像平滑程度越高，相应的尺度就越大；$G(x,y,\sigma)$ 为尺度变换核，且已证明高斯卷积核是实现尺度变换的唯一变换核，并且是唯一的线性核，具有如下表示：

$$G(x,y,\sigma)=\frac{1}{2\pi\sigma^2}\mathrm{e}^{-(x^2+y^2)/2\sigma^2} \tag{2.6}$$

对应的差分函数卷积图像为

$$D(x,y,\sigma)=\left[G(x,y,k\sigma)-G(x,y,\sigma)\right]\times I(x,y)=L(x,y,k\sigma)-L(x,y,\sigma) \tag{2.7}$$

　　接着在 DOG 金字塔中检测极值，得到的极值点可以初步认为是图像特征点。将待检测像素点与本尺度邻域内 8 个像素点、相邻两个尺度对应点及其邻域内共 9 个像素点进行比较，只有在图像和尺度空间同时为局部极值的点才被提取至特征候选集合。

　　通过尺度空间极值检测提取出的局部极值点包含一些低对比度点和边缘响应点，这些像素点不满足视角和光照不变性，因此，首先需要去除这些不稳定点以提高匹配稳定性。

　　首先对 DOG 进行泰勒展开并略去二次以上高阶部分：

$$D(x)=D+\frac{\partial D^{\mathrm{T}}}{\partial x}x+\frac{1}{2}x^{\mathrm{T}}\frac{\partial^2 D}{\partial x^2}x \tag{2.8}$$

　　对式（2.8）求导并求出极值点对应自变量值：

$$x_m=-\frac{\partial^2 D^{-1}}{\partial x^2}\frac{\partial D}{\partial x} \tag{2.9}$$

　　将极值点 x_m 代入式（2.9），若 $D(x_m)$ 小于某一阈值（一般取 0.03），则认为该点对比度低，剔除该点。

　　再建立 Hessian 矩阵：

$$H=\begin{pmatrix} D_{xx} & D_{xy} \\ D_{xy} & D_{yy} \end{pmatrix} \tag{2.10}$$

式中：D_{xx}、D_{xy}、D_{yy} 是 $D(x,y,\sigma)$ 的二阶偏导。定义矩阵 H 的特征值为 α、β，矩阵的特征值与该点像素变化曲率有正比关系，假设 $\alpha=r\beta,(r>1)$，则有

$$\frac{\mathrm{tr}(H)^2}{\det(H)}=\frac{(\alpha+\beta)^2}{\alpha\beta}=\frac{(r+1)^2}{r} \tag{2.11}$$

式（2.11）反映了矩阵 $\boldsymbol{H}$ 的两个特征值之间的关系，当 $\alpha=\beta$ 时，式（2.11）取得最小值，随着两个特征值比值的增加，式（2.11）取值增大，说明在某一个方向梯度值大而另一个方向梯度值较小，即该点处于边缘上。因此，当 $\dfrac{(r+1)^2}{r}$ 小于某一阈值（一般取 10），则认为该点为边缘点，剔除该点。

SIFT 算法检测出的特征在尺度空间具有很高的稳定性，但是利用高斯卷积构造尺度空间具有较大的运算量，在实时系统中应用受限。

3. FAST 角点检测算法

FAST 算法是 R. Edward 等人在 2006 年提出并于 2010 年修订的一种高速角点检测算法[7]。FAST 角点检测的本质是将一像素点在选定邻域内与其他像素点的灰度值相差超过设定阈值时，可认为该像素点作为角点的概率更大。FAST 检测过程围绕角点定义进行，过程简单有效，计算速度相较于 SIFT、SURF 而言更快速，因而受到各类系统的广泛应用。

FAST 检测过程的具体步骤如下。

（1）在图像中选择一像素点 p，以 p 为中心，3 个像素点为半径，确定一个半径为 3、边缘为 16 个像素点的检测邻域，如图 2-4 所示。

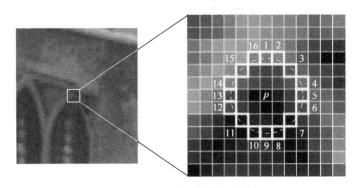

图 2-4　FAST 角点判断示意图

（2）确定点 p 的像素点灰度值 I_p，一般以 I_p 的 20% 作为阈值 T。当选取的圆周上有连续 N 个点的灰度值超过 I_p-T 或 I_p+T 时，可判定 p 点作为该邻域的角点。N 可设定为 9、11 或 12，通常定为 12。因此，为更快判断该区域内是否存在特征点，选取圆周上 1、5、9、13 的 4 个像素值 I_{p_1}、I_{p_5}、I_{p_9}、$I_{p_{13}}$，若 4 个像素值有连续 3 个像素值同时不满足 $I_{p_x} \in [I_p-T, I_p+T]$，则该区域内可能存在一个角点。反之，该区域内不存在角点，可直接排除。

（3）当满足过程（2）的条件后，对其他像素点进行判断。若连续 N 个点

不满足条件 $I_{p_x} \in [I_p - T, I_p + T]$，则记录该像素点 p 的 FAST 得分值。

（4）重复上述步骤，检查选定邻域内是否存在其他满足条件的特征点。

（5）为避免角点密集出现在同一区域，采取非极大值抑制的方法选取某一区域内 FAST 得分值最高的点作为该区域的角点。在选取的领域内，若有多个满足的特征点，则选取其中 s 值最高的特征点作为该区域角点；若该邻域内只有一个特征点符合条件，则该特征点为角点。其特征点的得分值为

$$ s = \max \sum_{i=1}^{16} \left| \text{pixel valuels} - p \right| \tag{2.12} $$

FAST 算法提出了非角点快速判别方法，将角点计算和识别过程聚焦在相对数量较少的角点候选点上，以邻域连续 3/4 圆周灰度差值显著性作为角点判别依据，大大提高了角点检测效率。但是该算法对图像噪声敏感，无法识别边缘区域的毛刺噪点，并且算法检测出的特征在图像上分布往往不均匀，特征聚集问题明显。

4. Shi-Tomasi 角点检测算法

Shi-Tomasi 角点检测算法是由 J. B. Shi 和 C. Tomasi 等人基于 Harris 角点检测算法提出的[8]，所以该算法在原理上与 Harris 角点检测算法大致相同，本文将先对 Harris 角点检测算法进行介绍。

如图 2-5 所示，角点一般位于两个边缘之间的交点，而在经过该角点后两条边缘的方向会发生较大的改变。因此，设置一窗口在角点处沿任意方向进行滑动，窗口内都会发生较大的灰度变化，Harris 角点检测算法就基于该原理。具体步骤如下。

（1）如图 2-5 所示，在图像中设定一个滑动窗口，并且将该窗口同时沿着 x 轴和 y 轴进行运动，计算滑动窗口内的像素变化。

（2）构建窗口检测函数 $R(x,y)$，并计算该值。

（3）设定阈值，当检测函数值大于该阈值时，则认为窗口内存在角点。

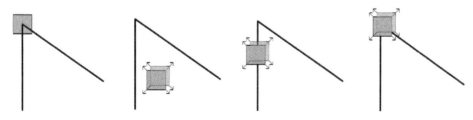

图 2-5　滑动窗口示意图

接下来对窗口检测函数 $R(x,y)$ 进行介绍和推导。假设在像素点 (x,y) 附近有一个尺寸固定的滑动窗口 W，当窗口移动极小量为 (u,v) 时，其灰度变化

值可以表示为

$$
\begin{aligned}
G_{x,y} &= \sum_{x,y} w_{x,y} \left[\left(I_{x+u,y+v} - I_{x,y} \right) \right]^2 \\
&= \sum_{x,y} w_{x,y} \left[u \frac{\partial I}{\partial x} + v \frac{\partial I}{\partial y} + o\left(\sqrt{u^2 + v^2} \right) \right]^2 \\
&\approx \sum_{x,y} w_{x,y} \left[u^2 I_x^2 + v^2 I_y^2 + 2uv I_x I_y \right] \\
&= [u,v] M \begin{bmatrix} u \\ v \end{bmatrix} \\
&= R^{-1} \begin{bmatrix} \lambda_1 & 0 \\ 0 & \lambda_2 \end{bmatrix} R
\end{aligned}
\tag{2.13}
$$

式中：I 为该像素点的灰度值；I_x 与 I_y 分别为像素点灰度值沿 x 与 y 方向上的一阶偏导数；$w_{x,y}$ 为窗口函数；M 为图像梯度的协方差矩阵，可以表示为

$$
M = \sum_{x,y} w_{x,y} \begin{bmatrix} I_x^2 & I_x I_y \\ I_x I_y & I_y^2 \end{bmatrix}
\tag{2.14}
$$

式中：λ_1 和 λ_2 为矩阵 M 的特征值，其可以表示图像灰度值的分布情况，如图 2-6 所示。当 λ_1 与 λ_2 都比较小时，则表示滑动窗口在移动时窗口内的灰度没有明显变化，所以当前处于平滑区域；当 λ_1 与 λ_2 中一个较大一个较小时，则表示滑动窗口沿某一方向移动时灰度变化较大，沿另一方向移动时变化较小，说明此时滑动窗口位于边缘处；当 λ_1 与 λ_2 都比较大时，则表示滑动窗口沿两个方向移动时灰度变化都比较大，说明此时滑动窗口内存在角点。

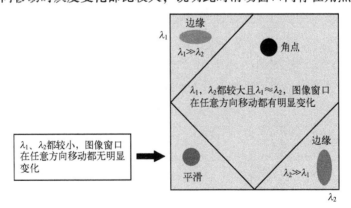

图 2-6　特征值 λ_1 与 λ_2 与角点分布情况

当使用上述方法时，需计算所有像素点特征值并且进行比较，计算量较大。可以将协方差矩阵表示为

$$\boldsymbol{M} = \sum_{x,y} w_{x,y} \begin{bmatrix} I_x^2 & I_x I_y \\ I_x I_y & I_y^2 \end{bmatrix} = \begin{bmatrix} A & C \\ C & B \end{bmatrix} \qquad (2.15)$$

矩阵 $\boldsymbol{M}$ 的迹和行列式的值可以表示为

$$\mathrm{tr}(\boldsymbol{M}) = \lambda_1 + \lambda_2 = A + B \qquad (2.16)$$

$$\det(\boldsymbol{M}) = \lambda_1 \lambda_2 = AB - C^2 \qquad (2.17)$$

利用矩阵 $\boldsymbol{M}$ 的迹和行列式的值可以将检测函数 $R(x,y)$ 表示为

$$R(x,y) = \det(\boldsymbol{M}) - k(\mathrm{tr}(\boldsymbol{M}))^2 = AB - C^2 - k(A+B)^2 \qquad (2.18)$$

式中：k 为一经验值，通常设定为 0.04~0.06，本书取值为 0.05。这样就可以避免计算矩阵特征值，有效地减少了计算量。

然后设定阈值 T，当满足 $R(x,y) > T$ 且灰度值为窗口内的最大值时，便可以认为该像素点为角点，也就是本文的特征点。本书 T 取值为 0.01。

上述过程便是 Harris 角点检测算法的流程，Shi-Tomasi 角点检测算法在此基础上进行改进。其不再使用矩阵 $\boldsymbol{M}$ 的迹和行列式来表示检测函数，而是比较 λ_1 与 λ_2 的值，选择两者之间较小的一个作为检测函数的值，具体可以表示为

$$R(x,y) = \min(\lambda_1, \lambda_2) \qquad (2.19)$$

当 $R(x,y) > T$ 时，便认为检测到了角点，其余与 Harris 角点检测算法相同。

5. ORB 特征提取算法

ORB 特征提取主要由 FAST 特征点检测方法和 BRIEF（Binary Robust Independent Elementary Features）特征描述子算法组成[10]。如上所述，FAST 是角点检测的一种，主要检测局部像素灰度变化明显的位置。ORB 特征提取算法加入了尺度和旋转描述来解决 FAST 角点没有尺度与方向性的问题。尺度不变性通过建立图像金字塔，然后在金字塔的每一层检测角点来实现。方向不变性则通过质心灰度法实现，质心即以图像块灰度值作为权重的中心。灰度质心法的具体流程如下。

首先以特征点为原点建立坐标系，在图像块 B 内计算出质心位置，并以特征点为起点，质心为终点构造向量。图像块 B 的矩定义为

$$M_{pq} = \sum_{u,v \in B} u^p v^q I(u,v), \quad p,q = \{0,1\} \qquad (2.20)$$

式中：(u,v) 表示像素的坐标；$I(u,v)$ 表示该坐标像素的灰度值。u 和 v 需落在半径为 3 的圆形区域上以增强特征点的旋转不变性。

图像块 B 的质心位置 C 通过上式得到：

$$C = \left(\frac{m_{01}}{m_{00}}, \frac{m_{10}}{m_{00}} \right) \tag{2.21}$$

假设角点坐标为 O，则向量的角度即为特征点的方向，计算公式为

$$\theta = \arctan\left(\frac{m_{01}}{m_{00}}, \frac{m_{10}}{m_{00}} \right) = \arctan(m_{01}, m_{10}) \tag{2.22}$$

得到 FAST 特征点的方向后进行 ORB 特征描述，特征描述的核心就是求出 BRIEF 特征描述子。BRIEF 对已检测出的特征进行描述，它是一种二进制编码描述子，其描述向量由数个 0 和 1 组成。BRIEF 特征描述子的作用是以较少的强度对比来表达图像邻域，达到计算简单又快速的效果。求 BRIEF 特征描述子的流程如下。

首先，对图像进行高斯滤波以减少噪声的干扰。然后，以特征点为中心，选择 $S \times S$ 的邻域窗口，在邻域窗口内随机选取一对像素点并比较大小。这对随机点的 x_i、y_i 呈高斯分布 $[0, S^2/25]$，其采样准则服从各向同性的同一高斯分布。对这两个特征点进行二进制赋值并定义 $p(x)$ 为

$$\boldsymbol{\tau}(p; x, y) := \begin{cases} 1, & p(x) < p(y) \\ 0, & \text{其他} \end{cases} \tag{2.23}$$

式中：$p(x)$ 和 $p(y)$ 分别为两个随机点在平滑后的图像邻域 $\boldsymbol{x} = (u_1, v_1)^{\mathrm{T}}$ 和 $\boldsymbol{y} = (u_2, v_2)^{\mathrm{T}}$ 处的像素灰度值。

最后，在邻域窗口内随机选取 n 个 (x, y) 位置对，重复上一步骤，形成二进制编码，该编码即为特征描述子。BRIEF 描述子成为 n 维二进制比特串的公式如下：

$$f_n(p) := \sum_{1 \leqslant i \leqslant n} 2^{i-1} \tau(p; x, y) \tag{2.24}$$

式中：n 值可为 128、256、512 等。

得到 BRIEF 二进制比特串后还需确定其方向。在位置 (x_i, y_i) 处，对任意 n 个二进制准则特征集，定义一个 $2n$ 矩阵：

$$\boldsymbol{S} = \begin{cases} x_1, x_2, \cdots, x_n \\ y_1, y_2, \cdots, y_n \end{cases} \tag{2.25}$$

使用邻域方向 θ 和对应的旋转矩阵 $\boldsymbol{R}_\theta$，构建出 $\boldsymbol{S}$ 的校正：

$$\boldsymbol{S}_\theta = \boldsymbol{R}_\theta \boldsymbol{S} \tag{2.26}$$

Steered BRIEF 描述子为

$$\boldsymbol{g}_n(p, \theta) := \boldsymbol{f}_n(p) \mid (x_i, y_i) \in \boldsymbol{S}_\theta \tag{2.27}$$

计算出 Steered BRIEF 描述子后，利用贪婪搜索算法选择相关性最低的 n 个像素块对，也就是得出最终的 rBRIEF 描述子。rBRIEF 特征描述是在 BRIEF

特征描述的基础上加入旋转因子改进的，此时对给定的图像即可进行 ORB 特征提取。

2.2.2　图像特征的匹配与跟踪

图像特征信息匹配是将两幅或更多图像中具有相同或相近特征的像素点关联起来，即在多幅图像中寻找对应场景中同一位置的像素点[11]。特征匹配效率很大程度上影响着视觉里程计系统的实时性，特征匹配的质量决定其导航和定位的精度。常用的特征匹配方法可分为局部匹配方法和全局匹配方法：局部匹配方法只进行局部小范围寻优，计算速度快，但误配率较高；全局匹配方法对扫描线或整幅图像进行大范围搜索，误配率较低，但计算量大。为了提高匹配准确率，常根据场景成像特征，加入相似性、外极线、唯一性、一致性和遮挡等约束来辅助匹配过程以获取正确的匹配信息。

针对不同的特征提取方法，应选取其中合适的测度值构建特征匹配方法。在完成相似度计算后，可能会出现多幅图像特征非一一对应的现象，需要进行第二步的互相一致性检验，确定图像特征之间具体的对应关系[12]。

1. 特征匹配约束条件

（1）相似性约束。场景中同一特征在不同图像中的投影应具有相似的表达。匹配的特征点或区域在不同图像中应具有相近灰度值，场景中的几何形状在小角度变化不同图像中应具有相近结构特征。

（2）外极线约束。在立体视觉中，左右图像传感器光心连线称为基线，基线与图像平面的交点为外极点，场景点在图像平面成像点与外极点的连线称为外极线，左右图外极线一一对应。场景中一点若成像在立体相机图像中左图某一极线上，则一定成像在右图对应极线上。此约束可将立体视觉匹配由二维匹配搜索简化为一维匹配搜索，提高搜索效率。

（3）唯一性约束。某一特征在两幅或更多图像中匹配必须是唯一的。

（4）一致性约束。在两幅或多幅匹配图像集合中一幅图像极线上具有序列特征的点，在另外的图像上也必须满足该序列特征。

（5）遮挡约束。图像中视差变化一般应该是连续的，如果发生视差的不连续，则不连续的部分应该是图像中被遮挡区域。

2. LK 光流跟踪算法

在特征点的匹配与跟踪中，大部分的算法都选择使用二进制描述子进行匹配，但是在低纹理环境下，基于描述子的特征点匹配算法效果较差，而稀疏光流法对特征点进行匹配与追踪具有良好的效果。稀疏光流法最经典的就是 Lucas-Kanade 光流法[13]，主要基于 3 个假设进行。

（1）灰度不变。图像亮度保持恒定，即图像中像素点的灰度值保持不变。

（2）短距离移动。运动时间保持连续且运动位移小。

（3）空间一致性。同一图像中的临近点有相似的运动。

假设在图像坐标系下，t 时刻某一像素点的灰度值为 (x,y)。经过 δt 的时间后该像素点移动到了 $(x+\delta x, y+\delta y)$ 处，根据亮度恒定的前提，可以得出

$$I(x,y,t) = I(x+\delta x, y+\delta y, t+\delta t) \tag{2.28}$$

对式（2.28）的右边进行一阶泰勒展开后，可得

$$I(x+\delta x, y+\delta y, t+\delta t) = I(x,y,t) + \frac{\partial I}{\partial x}dx + \frac{\partial I}{\partial y}dy + \frac{\partial I}{\partial t}dt \tag{2.29}$$

则

$$\frac{\partial I}{\partial x}dx + \frac{\partial I}{\partial y}dy + \frac{\partial I}{\partial t}dt = 0 \tag{2.30}$$

将式（2.30）左右同时除以 dt，可得

$$\frac{\partial I}{\partial x}\frac{\partial x}{\partial t} + \frac{\partial I}{\partial y}\frac{\partial y}{\partial t} + \frac{\partial I}{\partial t} = 0 \tag{2.31}$$

式中：$\frac{\partial x}{\partial t}$ 表示像素点沿坐标系 x 轴的运动速度，记作 u；$\frac{\partial y}{\partial t}$ 表示像素点沿坐标系 y 轴的运动速度，记作 v；$\frac{\partial I}{\partial x}$ 表示图像在坐标系 x 轴方向的梯度，记作 I_x；$\frac{\partial I}{\partial y}$ 表示图像在坐标系 y 轴方向的梯度，记作 I_y；$\frac{\partial I}{\partial t}$ 表示像素点灰度随时间的变化，记作 I_t。可以将式（2.31）表示为

$$\begin{bmatrix} I_x & I_y \end{bmatrix} \begin{bmatrix} u \\ v \end{bmatrix} = -I_t \tag{2.32}$$

此时就推导出了光流法的求解方程，但是该方程中存在两个未知数，所以无法求解。根据空间一致性的假设，可得

$$\begin{bmatrix} I_{x1} & I_{y1} \\ I_{x2} & I_{y2} \\ \vdots & \vdots \\ I_{xn} & I_{yn} \end{bmatrix} \begin{bmatrix} u \\ v \end{bmatrix} = - \begin{bmatrix} I_{t1} \\ I_{t2} \\ \vdots \\ I_{tn} \end{bmatrix} \tag{2.33}$$

简化得

$$G \begin{bmatrix} u \\ v \end{bmatrix} = -b \tag{2.34}$$

对式（2.34）使用最小二乘法求解，可得

$$\begin{bmatrix} u \\ v \end{bmatrix}^* = -(\boldsymbol{G}^{\mathrm{T}}\boldsymbol{G})^{-1}\boldsymbol{G}^{\mathrm{T}}\boldsymbol{b} \qquad (2.35)$$

由此便可以求得像素点在运动中的 u、v。由于式（2.34）成立的前提条件是满足空间一致性假设，这对光流法的使用造成了较大的限制。当相机采样频率较低或运动速度太快时，就会导致光流法失效。LK 光流法使用图像金字塔来解决该问题，如图 2-7 所示。经过图像采样，降低运动幅度，使得其满足空间一致性。然后通过层层采样和多次迭代，最终计算得出真实的光流。

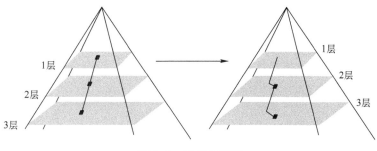

图 2-7　图像金字塔

3. 区域特征匹配算

区域匹配是指在一幅图像中，定义一个中心落在待匹配点的窗口，用同样的窗口划过待匹配图像，比较匹配图像对中窗口范围内图像块的差异判断是否能够使窗口中心点匹配[14]。

（1）像素差绝对值和方法（SAD）。以两幅待匹配图像块内像素灰度差的绝对值之和作为相似度度量：

$$\mathrm{SAD} = \sum_{(x,y)\,\in\,W} |I_1(x,y) - I_2(x,y)| \qquad (2.36)$$

取 SAD 最小值对应像素点作为匹配结果。

（2）像素差平方和方法（SSD）。以两幅待匹配图像块内像素灰度差的平方和作为相似度度量：

$$\mathrm{SSD} = \sum_{(x,y)\,\in\,W} [I_1(x,y) - I_2(x,y)]^2 \qquad (2.37)$$

取 SSD 最小值对应像素点作为匹配结果。

（3）归一化互相关方法（NCC）。以两幅待匹配图像块内归一化相关系数作为相似度度量：

$$\mathrm{NCC} = \frac{\sum\limits_{(x,y)\,\in\,W} [I_1(x,y) - \bar{I}_1][I_2(x,y) - \bar{I}_2]}{\sqrt{\sum\limits_{(x,y)\,\in\,W} [I_1(x,y) - \bar{I}_1]^2}\sqrt{\sum\limits_{(x,y)\,\in\,W} [I_2(x,y) - \bar{I}_2]^2}} \qquad (2.38)$$

NCC 反应两图像块之间相关程度，故取 NCC 最大值对应像素点作为匹配结果。

（4）欧几里得距离和（SED）。以两幅待匹配图像块内图像描述符之间的欧几里得距离和作为相似度度量：

$$SED = \sum_{(x,y)\in W} \sqrt{\sum_{i=1}^{n} \left[i_1(x,y) - i_2(x,y) \right]^2} \qquad (2.39)$$

式中：$i_1(x,y)$ 表示第一幅图像中 (x,y) 点描述符中维度为 i 的数值。取 SED 最小值对应像素点作为匹配结果。

（5）汉明距离和方法（SHD）。以两幅待匹配图像块像素特征汉明编码距离和作为相似度度量：

$$SHD = \sum_{(x,y)\in W} \left[g_1(x,y) \oplus g_2(x,y) \right]^2 \qquad (2.40)$$

取 SHD 最小值对应像素点为匹配结果，该相似度度量适合汉明编码的特征描述符匹配。

2.3　视觉惯性导航系统

视觉 SLAM 与惯性器件结合的系统一般称为视觉惯性导航系统（Visual Inertial Navigation System，VINS）[15]，相机通过前端多幅存在共视关系的图像，复原出 3D 世界场景以及相机的运动轨迹，其基础框架图如图 2-8 所示。INS 通过 IMU 三轴正交的陀螺和加速计，分别测量载体相对于惯性系的角速度和比力，在导航坐标系下通过力学编排计算出载体的位置、速度和姿态[16]。视觉惯性导航系统后端将前端输入的系统平动、转动增量、INS 的位置、速度和姿态以及 IMU 的误差，通过最优估计算法实现信息融合[17]。

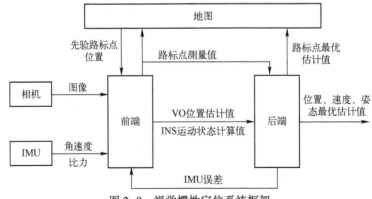

图 2-8　视觉惯性定位系统框架

根据视觉信息与惯性信息融合的方式可将其分为紧耦合和松耦合两个种类[18]，算法框架如图 2-9 所示。松耦合系统是指视觉和惯性器件通过两种不相关的线程各自计算载体在不同时刻的位姿信息，通常视觉通过运动恢复结构获得相机相邻两帧的位姿变化矩阵，惯性信息由独立模块运算载体的位姿估计信息，最终将两个线程计算的位姿结果进行融合修正并输出[19]。松耦合方式中视觉惯性两个模块的更新频率不同，惯性信息不需要逐帧与视觉信息匹配，大大减少了系统的工作量，但牺牲了输出数据的精度，视觉信息只作为修正惯性信息的辅助模块，因此不能实时修正惯性数据的漂移问题，在视觉定位困难的环境中输出数据不够鲁棒[20]。苏黎世联邦理工学院的 S. Lynen 主要针对基于松耦合的视觉惯性导航系统进行研究，提出了单传感器融合（Single-Sensor Fusion，SSF）框架和多传感器融合（Multi- Sensor Fusion，MSF）框架两种经典松耦合算法[21]。SSF 是基于 EKF 的时延补偿的惯性测量单元和单个位置传感器的算法框架，MSF 则是融合惯性信息与多个未知传感器的算法框架。

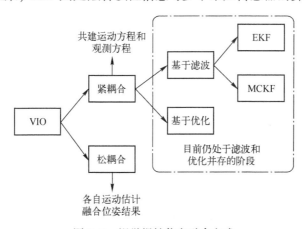

图 2-9　视觉惯性信息融合方式

紧耦合系统是指视觉信息和惯性信息共同构建运动方程和观测方程，设立时间戳，将惯性数据与视觉信息对齐，然后进行状态估计[22]。与松耦合相比，紧耦合算法可以更充分地利用两个传感器的测量数据，达到更好的互补效果，保证其对设备姿态和位置的输出数据更为准确[23]。紧耦合算法根据后端优化方式分为滤波和优化两种方式[24-25]。目前，单一的后端优化方式不能满足系统需求，因而仍处于滤波与优化并存的阶段。

基于滤波的紧耦合方式一般以扩展卡尔曼滤波（Extended Kalman Filter，EKF）为框架，在系统运行过程中，分为预测阶段和更新阶段[26]。预测阶段是将惯性器件获得的角速度和加速度进行积分得到载体速度与位姿，实现惯性模块初始状态估计；更新阶段是将相机的图像信息处理后计算的位姿矩阵与惯性模块的初始估计进行融合，对系统初始估计进行优化[27]。因而，随着系统运行时间的增加，系统中需要估计的参数数目也逐步增加，导致后期需要经过复杂而庞大的计算才能获得优化后的位姿信息。针对系统计算量随着特征点数目增加而成倍增长的情况，A. I. Mourikis 等人于 2007 年提出多状态约束卡尔曼滤波算法（Multi-State Constraint Kalman Filter, MSCKF），该算法采用光流法追踪特征点，将该特征点在后续图像帧经过滑动窗口后建立状态约束关系，构建该特征点的目标优化函数，而后使用 EKF 对系统进行更新和优化[28]。利用该方法，不需要将特征点的三维坐标输入滤波器系统，滤波算法直接针对初始化估计的位姿信息进行优化和更新，大大减轻了滤波器的工作量，极大地提高了系统的工作效率。其后，K. Sun 等人利用 MSCKF 的原理开发了 MSCKF-VIO 系统[29]。

基于优化的紧耦合方式可将一段时间内惯性器件和相机获得的信息进行优化处理，其中一般利用高斯-牛顿法对初始估计数据进行迭代求解[28]。因而，优化方法能够更好地规避图像信息在相邻两帧发生突变的情况，使得系统更为稳定，输出参数更精确。苏黎世联邦理工学院的 S. Leutenegge 等人在 2015 年提出 OKVIS[23]。该系统采用数个关键帧组成的滑动窗口，利用状态约束关系，建立目标优化函数，利用 BA 对滑动窗口内的特征点的重投影误差函数进行优化[30]。为保证信息矩阵维度不变，当判定新的关键帧进入时，将滑动窗口内最开始的关键帧边缘化，从而减少计算量，保证系统算法的实时性。C. Foster 等人[31]于 2016 年提出将 SVO 算法与惯性器件融合的紧耦合视觉惯性 SLAM 算法，并提出流型预积分[32-33]理论，提供了一种将大量 IMU 测量数据建模为单个运动约束的模块。

视觉惯性定位算法分为传感器、前端、后端和回环 4 个部分。传感器通过视觉和惯性器件获得外界信息，前端利用输出信息完成载体运动姿态的计算，后端通过滤波或非线性优化方式修正运动信息，回环检测减少系统累计误差。视觉惯性定位算法基本框架如图 2-10 所示。

（1）前端

① 相机图像。首先利用多种特征检测方法对图像进行提取，然后对提取特征进行匹配，利用随机一致性方法剔除外点，获得相机位姿，得到初始路标点，最后将角点、位姿和路标点初始信息输送给后端。

② 惯性器件。通过陀螺仪和加速度计获得载体比力和角速度，对 IMU 进行预积分获得当前时刻的位姿。利用时间戳，对视觉惯性联合初始化，求解出相机与惯性器件的相对位姿。

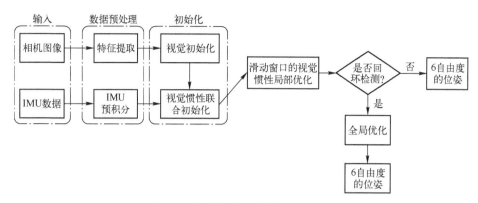

图 2-10　视觉惯性定位算法基本框架

（2）后端

惯性器件与视觉信息可采用紧耦合或松耦合的方式进行数据优化，通过滑动窗口对视觉惯性信息进行局部优化，建立损失函数修正待估计量。优化方式可采用滤波或非线性优化。

（3）回环检测

通过检测载体是否到达过相同环境，判断能否进行回环检测。若是，则对全局系统进行优化，降低系统累积误差，获得更高精度的载体位姿信息。

2.4　视觉惯性联合标定

在视觉惯性导航系统的前端中，需要将视觉惯性联合标定，以解决系统尺度不确定性问题，减少误差累积，提高实时性。相机和 IMU 融合的首要步骤就是相机与 IMU 的稳定外部校准，而相机与 IMU 的标定是一个复杂的过程。IMU 位置的误差累积随时间近线性增长。相机由于镜头畸变、制造精度、算法不当等也会产生误差。相机与 IMU 的标定不仅需要标定出相机坐标系与 IMU 坐标系的相对位移和旋转的转换关系，也要标定出相机固有参数（相机内参）以及 IMU 的内参数。相机内参是指相机坐标系到图像坐标系的映射关系，主要包括主点坐标、等效焦距等[34]。IMU 内参包括 IMU 零偏、尺度偏差、轴向偏差，IMU 内参的标定精度会影响相机与 IMU 联合标定精度，除此之外，随机误差（随机游走、高斯白噪声）也会影响标定精度。

在视觉惯性联合标定研究中，离线时间标定方法把时间延迟当作固定量，可以实现很高的标定精度，但不能在动态环境中应用。在线标定可以实时估计传感器之间的校准参数，更具鲁棒性和实用性，因此研究人员更倾向于在线标

37

定方法。在线标定方法可以在系统运行期间快速构建或恢复外部参数，这对于动态环境和长期运行的系统尤为重要。近年来，多传感器融合越来越普遍，随着更多的智能化自动化的在线联合标定方法推出，相机和 IMU 联合标定的精度、速度、稳定性等越来越高。但传感器数据会产生时间的采样误差影响联合标定精度，而时间标定能保持数据的一致性对相机和 IMU 联合标定越来越重要。结合相机模型（详情见附 1.1.1）和 IMU 预积分（详情见附 1.2）基础知识，我们可以对相机与 IMU 进行联合标定，主要分为联合时间标定和硬件同步两部分。

2.4.1 相机与 IMU 联合时间标定

相机与 IMU 的联合标定原理涉及对两个传感器之间的相对位姿和时间同步的精确估计，以确保它们的数据能够准确地融合在一起。由于传感器数据传输有一定的延迟性，且 IMU 漂移误差会随时间不断累积，不仅要在空间上标定两个传感器坐标系的相对旋转量和平移量，也需要对相机与 IMU 进行时间标定。如图 2-11 所示，网络时间协议（Network Time Protocol, NTP）、精确时间协议（Precision Time Protocol, PTP）、秒脉冲（Pulse Per Second, PPS）分别表示不同的时间同步技术或协议。在视觉惯性时间同步领域，PTP 使用较多。

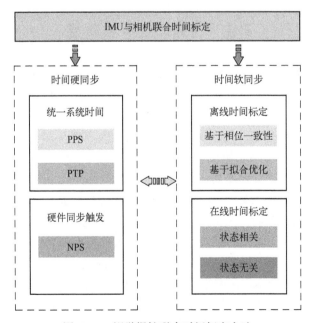

图 2-11　视觉惯性联合时间标定方法

2.4.2　相机与 IMU 硬件同步

传感器硬件同步是多传感器系统中确保数据一致性和准确性的关键技术。想实现硬件同步，首先要统一相机与 IMU 的系统时间，并让相机与 IMU 同步触发。但每种传感器的采样频率不一致，如 IMU 通常为 100~200Hz，Camera 通常为 25/30Hz，当两个传感器时间戳误差与传感器读数速率相比很小可以忽略时，可以将相机的时间戳以 IMU 的内部时钟为基准对齐[35]。

如图 2-12 所示，理想情况下，可以通过专门设计的硬件系统实现时间戳精确对应测量时间[36]。B. Rueckauer 等人[37]仅用内置 IMU 的 Davis 相机提供数据，并且获得了很高的同步精度。但硬件设计较为困难，且成本较高，有一定的局限性。即使在硬件同步之后，由于信号积分[38]、传输时间或滤波器延迟也会出现确定性时间偏移[39]。V. Osadcuks 等人[40]基于 Davis 和 Intel RealSense 等传感器构建多传感器框架进行硬件同步，并结合算法针对数据采集中不同步问题进行精确的时间误差控制。此方法大大提高了数据采集的质量，并减少了后处理中同步的需求。故针对基于数据采集后的相机与 IMU 的时间偏移，可用具体算法进行传感器的时间标定。目前的时间标定方法主要分为两类：一类方法是假设相机和 IMU 的测量延迟相对固定，利用算法离线地估计和补偿时间偏移；另一类方法是认为测量延迟会随着环境、运动等因素改变，故不把测量延迟当固定量，利用算法去在线估计补偿时间偏移。

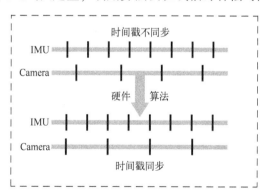

图 2-12　相机与 IMU 时间戳

2.5　转换与扰动模型

在视觉惯性导航系统的后端中，需要构建重投影误差来对相机位姿进一步地进行优化。在这个过程会涉及相应优化变量的雅可比矩阵的求解，当优化变量是旋转矩阵表示的相机位姿时，优化所需的计算量会比较复杂。因此，在后端优化的过程中引入李群和李代数来简化运算，本节基于李群和李代数的扰动模型进行详细介绍，李群和李代数的基础知识请见附录1.3。

李代数 $so(3)$ 是一个由三维向量组成的集合，通过将李代数 $so(3)$ 进行指数映射可以得到李群 $SO(3)$，指数映射可表示如下：

$$\exp(\boldsymbol{\phi}^\wedge) = \cos\theta\boldsymbol{I} + (1-\cos\theta)\boldsymbol{aa}^{\mathrm{T}} + \sin\theta\boldsymbol{a}^\wedge \tag{2.41}$$

式中：$\boldsymbol{\phi}$ 为一个三维向量；θ 与 $\boldsymbol{\alpha}$ 分别为该向量的模长和方向向量，可以表示为 $\boldsymbol{\phi}=\theta\boldsymbol{\alpha}$。

反之，可以利用对数映射将 $SO(3)$ 转换到 $so(3)$，具体可表示为

$$\boldsymbol{\phi} = \ln(\boldsymbol{R})^\vee = \left(\sum_{n=0}^{\infty} \frac{(-1)^n}{n+1}(\boldsymbol{R}-\boldsymbol{I})^{n+1}\right)^\vee \tag{2.42}$$

同理，$SE(3)$ 与 $so(3)$ 之间的指数、对数映射可以表示为

$$\exp(\boldsymbol{\xi}^\wedge) = \begin{bmatrix} \sum_{n=0}^{\infty} \frac{1}{n!} & \sum_{n=0}^{\infty} \frac{1}{(n+1)!}(\boldsymbol{\phi}^\wedge)^n\boldsymbol{\rho} \\ \boldsymbol{0}^{\mathrm{T}} & 1 \end{bmatrix} = \begin{bmatrix} \boldsymbol{R} & \boldsymbol{J\rho} \\ \boldsymbol{0}^{\mathrm{T}} & 1 \end{bmatrix} = \boldsymbol{T} \tag{2.43}$$

$$\boldsymbol{\xi}^\wedge = \ln(\boldsymbol{T}) = [\ln(\boldsymbol{R})^{\mathrm{T}}, (\boldsymbol{J}^{-1}\boldsymbol{t})^{\mathrm{T}}]^{\mathrm{T}} \tag{2.44}$$

其中

$$\boldsymbol{J} = \frac{\sin\theta}{\theta}\boldsymbol{I} + \left(1-\frac{\sin\theta}{\theta}\right)\boldsymbol{aa}^{\mathrm{T}} + \frac{1-\cos\theta}{\theta}\boldsymbol{a}^\wedge$$

在 SLAM 系统的后端优化中，会建立有关于相机位姿的误差函数，需计算函数相对相机位姿的偏导数，但是表示相机位姿的 $SO(3)$ 与 $SE(3)$ 并没有定义加法运算，所以使用相应的李代数的扰动模型来解决该问题，本文使用左扰动模型进行表示。

对于 $SO(3)$，假设空间点 $\boldsymbol{p}$ 经过旋转矩阵 $\boldsymbol{R}$ 变换为 $\boldsymbol{Rp}$，且左扰动 $\Delta\boldsymbol{R}$ 对应的李代数为 ω，对 ω 求导可得

$$\begin{aligned} \frac{\partial(\boldsymbol{Rp})}{\partial\boldsymbol{\omega}} &= \lim_{\omega\to 0} \frac{\exp(\boldsymbol{\omega}^\wedge)\exp(\boldsymbol{\phi}^\wedge)\boldsymbol{p} - \exp(\boldsymbol{\phi}^\wedge)\boldsymbol{p}}{\boldsymbol{\omega}} \\ &\approx \lim_{\omega\to 0} \frac{(1+\boldsymbol{\omega}^\wedge)\exp(\boldsymbol{\phi}^\wedge)\boldsymbol{p} - \exp(\boldsymbol{\phi}^\wedge)\boldsymbol{p}}{\boldsymbol{\omega}} \\ &= \lim_{\omega\to 0} \frac{\boldsymbol{\omega}^\wedge\exp(\boldsymbol{\phi}^\wedge)\boldsymbol{p}}{\boldsymbol{\omega}} = -(\boldsymbol{Rp})^\wedge \end{aligned} \tag{2.45}$$

同理，对于 $SE(3)$，假设空间点 $\boldsymbol{p}$ 经过旋转矩阵 $\boldsymbol{T}$ 变换为 $\boldsymbol{Tp}$，且左扰动 $\Delta\boldsymbol{T}$ 对应的李代数为 $\boldsymbol{\xi}$，对 $\boldsymbol{\xi}$ 求导可得

$$\frac{\partial (Tp)}{\partial \delta \xi} = \lim_{\delta \xi \to 0} \frac{\exp(\delta \xi^{\wedge}) \exp(\xi^{\wedge}) p - \exp(\xi^{\wedge}) p}{\delta \xi}$$

$$\approx \lim_{\delta \xi \to 0} \frac{(1 + \delta \xi^{n}) \exp(\xi^{n}) p - \exp(\xi^{n}) p}{\delta \xi}$$

$$= \lim_{\delta \xi \to 0} \frac{\delta \xi^{\wedge} \exp(\xi^{\wedge}) p}{\delta \xi} = \lim_{\delta \xi \to 0} \frac{\begin{bmatrix} \delta \phi^{n} & \delta \rho \\ \mathbf{0}^{T} & 0 \end{bmatrix} \begin{bmatrix} R & t \\ 0 & 1 \end{bmatrix} \begin{bmatrix} p \\ 1 \end{bmatrix}}{\delta \xi} \quad (2.46)$$

$$= \lim_{\delta \xi \to 0} \frac{\begin{bmatrix} \delta \phi^{\wedge} (Rp + t) + \delta \rho \\ 0 \end{bmatrix}}{\begin{bmatrix} \delta \rho \\ \delta \phi \end{bmatrix}} = \begin{bmatrix} I & -(Rp + t)^{\wedge} \\ \mathbf{0}^{T} & \mathbf{0}^{T} \end{bmatrix}$$

2.6　捷联式惯性导航系统

捷联式惯性导航系统（Strapdown Inertial Navigation System，SINS）是由惯性测量单元、导航计算机和导航显示装置组成，简称为捷联惯导系统。捷联惯导系统的工作步骤是：首先对系统进行初始化，确定姿态矩阵的初始值，标定陀螺的标度因素和漂移，标定加速度计的标度因素；其次对惯性元件的输出做出误差补偿；然后计算姿态矩阵，获得载体当前姿态以及提供导航计算的必要参数；最后将加速度计的输出转换到导航坐标系，获得载体的速度、位置等导航参数。捷联惯导系统的流程图如图 2-13 所示。

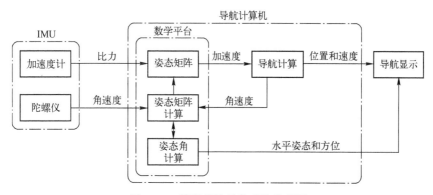

图 2-13　捷联惯性导航系统流程图

捷联惯导系统需要根据姿态角才能对坐标系进行转换，从而建立姿态矩阵。加速度计输出数据通过姿态矩阵的几何关系转换坐标系。由于载体不断运动，姿态角随着时刻不断改变，因而姿态矩阵需要不断更新。

2.6.1 姿态角的计算

捷联惯导系统中的姿态矩阵是载体系 $OX_bY_bZ_b$ 与导航系 $OX_nY_nZ_n$ 的方向余弦矩阵 $\boldsymbol{T}_b^n$。当载体处于全姿态时，即 3 个姿态角都处于变化状态，载体的实际位置以 O 点为起点，先坐标系 $OX_nY_nZ_n$ 绕 Z_n 轴旋转 $\varPsi$ 角度，再坐标系 $O'X_n'Y_n'Z_n'$ 绕 x' 轴旋转 θ 角度，最后坐标系 $OX_n''Y_n''Z_n''$ 绕 y'' 轴旋转 γ 角度。

令

$$\boldsymbol{T}_b^n = \begin{bmatrix} T_{11} & T_{12} & T_{13} \\ T_{21} & T_{22} & T_{23} \\ T_{31} & T_{32} & T_{33} \end{bmatrix} \tag{2.47}$$

根据坐标系间的欧几里得变换得

$$\begin{aligned} \boldsymbol{T}_b^n &= \begin{bmatrix} \cos\psi & -\sin\psi & 0 \\ \sin\psi & \cos\psi & 0 \\ 0 & 0 & 1 \end{bmatrix} \begin{bmatrix} 1 & 0 & 0 \\ 0 & \cos\theta & -\sin\theta \\ 0 & \sin\theta & \cos\theta \end{bmatrix} \begin{bmatrix} \cos\gamma & 0 & \sin\gamma \\ 0 & 1 & 0 \\ -\sin\gamma & 0 & \cos\gamma \end{bmatrix} \\ &= \begin{bmatrix} \cos\psi\cos\gamma-\sin\psi\sin\theta\sin\gamma & -\cos\theta\cos\psi & \cos\psi\sin\gamma+\sin\psi\sin\theta\cos\gamma \\ \cos\gamma\sin\psi+\cos\psi\sin\theta\sin\gamma & \cos\psi\cos\theta & \sin\psi\sin\gamma-\cos\psi\sin\theta\cos\gamma \\ -\sin\gamma\cos\theta & \sin\theta & \cos\theta\cos\gamma \end{bmatrix} \end{aligned} \tag{2.48}$$

则 $\boldsymbol{T}_b^n$ 中各项分别对应如下：

$$T_{11} = \cos\psi\cos\gamma-\sin\psi\sin\theta\sin\gamma$$
$$T_{12} = -\cos\theta\cos\psi$$
$$T_{13} = \cos\psi\sin\gamma+\sin\psi\sin\theta\cos\gamma$$
$$T_{21} = \cos\gamma\sin\psi+\cos\psi\sin\theta\sin\gamma$$
$$T_{22} = \cos\psi\cos\theta$$
$$T_{23} = \sin\psi\sin\gamma-\cos\psi\sin\theta\cos\gamma$$
$$T_{31} = -\sin\gamma\cos\theta$$
$$T_{32} = \sin\theta$$
$$T_{33} = \cos\theta\cos\gamma$$

姿态矩阵说明了载体系和导航系的几何关系，载体姿态角可根据确定的姿态矩阵确定，即

$$\psi = \arctan\left(\frac{T_{12}}{T_{23}}\right) \tag{2.49}$$

$$\theta = \arcsin(T_{32}) \tag{2.50}$$

$$\gamma = \arctan\left(\frac{T_{31}}{T_{33}}\right) \tag{2.51}$$

其中

$$\theta \in \left[-90°, +90°\right]$$
$$\gamma \in \left[-180°, +180°\right]$$
$$\psi \in \left[0°, 360°\right]$$

2.6.2 姿态速度的计算

陀螺输出为

$$\boldsymbol{\omega}_{ib}^{b} = \boldsymbol{\omega}_{ie}^{b} + \boldsymbol{\omega}_{en}^{b} + \boldsymbol{\omega}_{nb}^{b} \tag{2.52}$$

式中：姿态速度 $\boldsymbol{\omega}_{nb}^{b}$ 是将陀螺的角速率测量值处理得到的；运动角速度 $\boldsymbol{\omega}_{en}^{b}$ 是导航系（n）相对于地球系（e）的角速度，也可认为是载体运动速度引起的位置角速度；转动角速度 $\boldsymbol{\omega}_{ib}^{b}$ 是载体轴相对于惯性空间通过陀螺测量得到的；运动角速度 $\boldsymbol{\omega}_{ie}^{b}$ 是地球系相对于惯性系的角速度，即地球自转角速度在载体系上的 $\boldsymbol{\omega}_{en}^{b}$ 向量，则有

$$\boldsymbol{\omega}_{nb}^{b} = \boldsymbol{\omega}_{ib}^{b} - (\boldsymbol{\omega}_{ie}^{b} + \boldsymbol{\omega}_{en}^{b}) \tag{2.53}$$

其中，$\boldsymbol{\omega}_{ie}^{b}$ 可由 $\boldsymbol{T}_{n}^{b}$ 的逆矩阵 $\boldsymbol{T}_{n}^{b}$ 从平台系逆投影到载体系上。

由 $\boldsymbol{T}_{b}^{n}$ 可得到 $\boldsymbol{T}_{n}^{b}$，表示为

$$\boldsymbol{T}_{n}^{b} = \begin{bmatrix} T_{11} & T_{21} & T_{31} \\ T_{12} & T_{22} & T_{32} \\ T_{13} & T_{23} & T_{33} \end{bmatrix} \tag{2.54}$$

由此可知，$\boldsymbol{\omega}_{nb}^{b}$ 可写为

$$\boldsymbol{\omega}_{nb}^{b} = \boldsymbol{\omega}_{ib}^{b} - \left[\boldsymbol{T}_{b}^{n}\right]^{-1}(\boldsymbol{\omega}_{ie}^{n} + \boldsymbol{\omega}_{en}^{n}) \tag{2.55}$$

或

$$\boldsymbol{\omega}_{nb}^{b} = \boldsymbol{\omega}_{ib}^{b} - \boldsymbol{T}_{n}^{b}(\boldsymbol{\omega}_{ie}^{n} + \boldsymbol{\omega}_{en}^{n}) \tag{2.56}$$

2.6.3 姿态矩阵的更新

因为

$$\boldsymbol{T}_{b}^{n}(t) = \boldsymbol{T}_{b}^{n}(t_0) + \Delta\boldsymbol{T}_{b}^{n}(t) \tag{2.57}$$

其中，$\boldsymbol{T}_{b}^{n}$ 的微分求解得到 $\Delta\boldsymbol{T}_{b}^{n}(t)$，则 $\boldsymbol{T}_{b}^{n}$ 的微分形式 $\dot{\boldsymbol{T}}_{b}^{n}$ 为

$$\dot{\boldsymbol{T}}_{b}^{n} = \boldsymbol{T}_{b}^{n}\boldsymbol{\omega}_{nb}^{b} \tag{2.58}$$

初始时刻的姿态矩阵 $\boldsymbol{T}_{b}^{n}\big|_{(t=0)}$ 由载体的初始姿态角确定建立。

2.7　本章小结

本章论述了视觉/惯性定位的基本原理，首先依据摄像头的镜头数量和安装位置介绍了视觉传感器的类型，说明了视觉传感器的现实应用情况。其次介绍了特征点的提取与跟踪情况，分别介绍了以 Harris 角点、SIFT 角点、FAST 角点、Shi-Tomasi 角点和 ORB 特征提取为代表的特征点提取技术，以特征匹配约束条件、LK 光流跟踪算法和区域特征匹配为主要流程的图像特征的匹配与跟踪。随后介绍了视觉惯性导航系统的主要框架流程，以及紧耦合和松耦合两种方式。然后说明了相机与 IMU 进行联合标定所需要进行的联合时间标定和硬件同步两部分工作。最后在转换与扰动模型的基础上，介绍了以姿态角的计算、姿态速率的计算和姿态矩阵的更新为主要步骤的捷联式惯性导航系统，为本书后续的视觉/惯性定位技术提供理论基础。

参 考 文 献

[1] HUANG G, HU Z Z, TAO Q W, et al. Improved intelligent vehicle self-localization with integration of sparse visual map and high-speed pavement visual odometry [J]. Proceedings of the Institution of Mechanical Engineers Part D-Journal of Automobile Engineering, 2021, 235 (1): 177-187.

[2] WU Y H, TANGF L, LI H P. Image-based camera localization: an overview [J]. Visual Computing for Industry, Biomedicine, and Art, 2018, 1 (1): 82-94.

[3] KIM W Y, HUM Y C, TEE Y K, et al. A modified single image dehazing method for autonomous driving vision system [J]. Multimedia Tools and Applications, 2024, 83 (9): 25867-25899.

[4] LANCELOT J R, BHASKAR P P, DENNIS E M M. Performance evaluation of a lane correction module stress test: a field test of tesla model 3 [J]. Future Internet, 2023, 15 (4): 138.

[5] MORAVEC H P. Obstacle avoidance and navigation in the real world by a seeing robot rover [D]. California: Stanford University, 1980.

[6] LOWE D G. Distinctive image features from scale-invariant keypoints [J]. International Journal of Computer Vision, 2004, 60 (2): 91-110.

[7] EDWARD R, REID P, TOM D. Faster and better: a machine learning approach to corner detection [J]. IEEE Transactions on Pattern Analysis and Machine Intelligence, 2010, 32 (1): 105-119.

[8] SHI J B, TOMASI C. Good features to track [C]//Proceedings of IEEE Computer-Society Conference on Computer Vision and Pattern Recognition. Seattle, USA: IEEE, 1994: 323794.

[9] 姜露露, 彭健. 基于极线几何约束的非标定图像的立体匹配 [J]. 计算机应用, 2007, 27 (11): 2800-2803.

[10] RUBLEE E, RABAUD V, KONOLIGE K. ORB: an efficient alternative to SIFT or SURF [C]//Proceedings of IEEE International Conference on Computer Vision. Barcelona, Spain: IEEE, 2011: 6126544.

[11] WANG S, SUN Z X, LI Q. High-to-low-level feature matching and complementary information fusion for reference-based image super-resolution [J]. Visual Computer, 2024, 40 (1): 99-108.

[12] SONKA M, HLAVAC V, CENG R B D M. Image processing, analysis, and machine vision [M]. Berlin: Springer, 2008: 464-466.

[13] LUCAS B, KANADE T. An iterative image registration technique with an application to stereo vision [C]//Proceedings of 7th International Joint Conference on Artificial Intelligence. Vancouver, Canada: IJCAI, 1981: 674-679.

[14] 王逸林. 基于区域匹配算法的双目立体匹配技术的研究 [D]. 大连: 大连海事大学, 2012.

[15] DO T, CARRILLO-ARCE L C, ROUMELIOTIS S I. High-speed autonomous quadrotor navigation through visual and inertial paths [J]. The International Journal of Robotics Research, 2019, 38 (4): 486-504.

[16] TITTERTON D H, WESTON J L. Strapdown inertial navigation technology [J]. Aerospace & Electronic Systems Magazine IEEE, 2004, 32 (2): 45-62.

[17] 王洪先. 陆用惯性导航系统技术发展综述 [J]. 光学与光电技术, 2019, 17 (6): 91-103.

[18] MA Y, WANG S, YU D, et al. Robust visual-inertial odometry with point and line features for blade inspection UAV [J]. Industrial Robot: The International Journal of Robotics Research and Application, 2021, 48 (2): 179-88.

[19] SHEN S, MICHAEL N, KUMAR V. Tightly-coupled monocular visual-inertial fusion for autonomous flight of rotorcraft MAVs [J]. Proceedings—IEEE International Conference on Robotics and Automation, 2015, 5 (9): 3-10.

[20] SCARAMUZZA D, ACHTELIK M, DOITSIDIS L, et al. Vision-controlled micro flying robots: from system design to autonomous navigation and mapping in GPS-Denied Environments [J]. IEEE Robotics & Automation Magazine, 2014, 21 (3): 26-40.

[21] LYNEN S, ACHTELIK M W, WEISS S, et al. A robust and modular multi-sensor fusion approach applied to MAV navigation [C]//Proceedings of 26th IEEE/RSJ International Conference on Intelligent Robots and Systems. Tokyo, Japan: IEEE, 2013: 3923-3929.

[22] WEISS S, ACHTELIK M W, LYNEN S, et al. Real-time onboard visual-inertial state esti-

mation and self−calibration of MAVs in unknown environments ［C］//Proceedings of IEEE International Conference on Robotics and Automation. Saint Paul, USA：IEEE, 2012：957−964.

［23］ LEUTENEGGER S, FURGALE P, RABAUD V, et al. Keyframe−based visual−inertial SLAM using nonlinear optimization ［J］. International Journal of Robotics Research, 2015, 34 (3)：314−334.

［24］ LI M, MOURIKIS A I. High−precision, consistent EKF−based visual−inertial odometry ［J］. The International Journal of Robotics Research, 2013, 32 (6)：690−711.

［25］ GUI J J, GU D B, WANG S, et al. A review of visual inertial odometry from filtering and optimisation perspectives ［J］. Advanced Robotics, 2015, 16 (5)：1289−1301.

［26］ HEO S J, JUNG J H, et al. Consistent EKF−based visual−inertial navigation using points and lines ［J］. IEEE Sensors Journal, 2018, 73 (3)：129−135.

［27］ QIN T, LI P L. VINS−mono: a robust and versatile monocular visual−inertial state estimator ［J］. IEEE Transactions on Robotics, 2018, 26 (5)：1385−1395.

［28］ MOURIKIS A I, ROUMELIOTIS S I. A multi−state constraint kalman filter for vision−aided inertial navigation ［C］//Proceedings of IEEE International Conference on Robotics and Automation. Rome, Italy：IEEE, 2007：3565−3572.

［29］ SUN K, MOHTA K, PFROMMER B, et al. Robust stereo visual inertial odometry for fast autonomous flight ［J］. IEEE Robotics and Automation Letters, 2018, 3 (2)：965−972.

［30］ ZHENG F, TSAI G, ZHANG Z, et al. PI−VIO: Robust and efficient stereo visual inertial odometry using points and lines ［C］//Proceedings of IEEE/RSJ International Conference on Intelligent Robots and Systems. Madrid, Spain：IEEE, 2018：02403 .

［31］ FORSTER C, CARLONE L, DELLAERT F, et al. On−manifold preintegration for real−time visual−inertial odometry ［J］. IEEE Transactions on Robotics, 2017, 33 (1)：1−21.

［32］ LUPTON T, SUKKARIEH S. Visual−inertial−aided navigation for high−dynamic motion in built environments without initial conditions ［J］. IEEE Transactions on Robotics, 2012, 28 (1)：61−76.

［33］ ZHAO X, WANG C, ANG M H. Real−time visual−inertial localization using semantic segmentation towards dynamic environments ［J］. IEEE Access, 2020, 9 (19)：127−132.

［34］ 石岩青, 常彩霞, 刘小红, 等. 面阵相机内外参数标定方法及进展 ［J］. 激光与光电子学进展, 2021, 58 (24)：9−29.

［35］ ZHU A Z, THAKUR D, ÖZASLAN T, et al. The multivehicle stereo event camera dataset: an event camera dataset for 3D perception ［J］. IEEE Robotics and Automation Letters, 2018, 3 (3)：2032−2039.

［36］ 肖尧, 阮晓钢, 朱晓庆, 等. 动态曝光单目视觉惯导系统时间戳延迟估计方法 ［J］. 北京工业大学学报, 2019, 45 (6)：515−523.

［37］ RUECKAUER B, DELBRUCK T. Evaluation of event−based algorithms for optical flow with ground-truth from inertial measurement sensor [J]. Frontiers in Neuroscience, 2016, 10: 176.

[38] BINAS J, NEIL D, LIU S C, et al. DDD17: End-to-end DAVIS driving dataset [J]. arXiv Preprint arXiv: 1711. 01458, 2017.

[39] REHDER J, SIEGWART R, FURGALE P. A general approach to spatiotemporal calibration in multisensor systems [J]. IEEE Transactions on Robotics, 2016, 32 (2): 383-398.

[40] OSADCUKS V, PUDZS M, ZUJEVS A, et al. Clock-based time synchronization for an event-based camera dataset acquisition platform [C]//Proceedings of IEEE International Conference on Robotics and Automation. Paris, France: IEEE, 2020: 4695-4701.

第3章　基于车辆运动估计的立体视觉定位

3.1　双目相机模型

若已知物体在世界坐标系下的三维坐标，可以计算得到对应图像点在图像坐标系下的二维坐标；反之，仅有一组二维坐标是无法还原出图像点对应物体的三维坐标。不同于单目相机需要通过其他方法间接推断深度，双目相机通过捕捉图像计算视差直接得到场景的深度信息，从而完成车辆的立体视觉定位[1]。为了完成二维信息到三维信息的还原，立体视觉模拟人双眼视觉系统功能，采用两个（或更多）相机从不同角度拍摄物体，通过视差理论得到物体三维坐标。视差指的是由于光学几何投影原理，场景中物体在人左右视网膜上成像不在相同的位置。在摄像机成像系统中，物体在左右摄像机像平面同样成像在不同位置，物体和两个相机构成了三角关系，如图 3-1 所示。

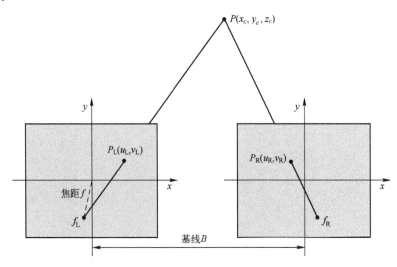

图 3-1　平行双目视觉成像系统

由于双目视觉成像系统视差的存在，物体在两个成像平面上投影点具有不同的坐标 $P_L(u_L, v_L)$ 和 $P_R(u_R, v_R)$。假设两个相机成像在同一平面上，通过三角测量原理可知，存在以下关系：

$$\begin{cases} u_L = f\dfrac{x_c}{z_c} \\[3mm] u_R = f\dfrac{x_c - B}{z_c} \\[3mm] v = v_L = v_R = f\dfrac{y_c}{z_c} \end{cases} \tag{3.1}$$

式中：f 为相机焦距；B 为两相机基线长度。在获得双目相机成像点两个二维坐标后，由式（3.1）可还原出物体三维坐标：

$$\begin{cases} x_c = \dfrac{B \cdot u_L}{u_L - u_R} \\[3mm] y_c = \dfrac{B \cdot v}{u_L - u_R} \\[3mm] z_c = \dfrac{B \cdot f}{u_L - u_R} \end{cases} \tag{3.2}$$

当两个相机成像面不在同一平面时，如图 3-2 所示。

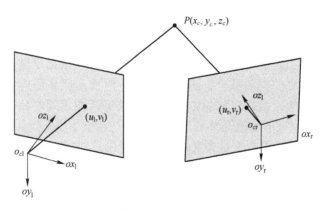

图 3-2　非平行双目视觉成像系统

两个相机的位置关系仅用基线距离不足以描述，此时，物体在两个相机坐标系下成像点 (x_{cl}, y_{cl}, z_{cl}) 和 (x_{cr}, y_{cr}, z_{cr}) 的关系可以表示为

$$
\begin{pmatrix} x_{cl} \\ y_{cl} \\ z_{cl} \\ 1 \end{pmatrix} = \begin{pmatrix} \boldsymbol{R}_c & \boldsymbol{T}_c \\ 0 & 1 \end{pmatrix} \begin{pmatrix} x_{cr} \\ y_{cr} \\ z_{cr} \\ 1 \end{pmatrix} \tag{3.3}
$$

式中：$\boldsymbol{R}_c$、$\boldsymbol{T}_c$ 分别表示两个相机坐标系的平移矩阵及旋转向量。此时，由坐标系变换关系可得

$$
z_{cl} \begin{pmatrix} u_1 \\ v_1 \\ 1 \end{pmatrix} = \boldsymbol{K}_1 \begin{pmatrix} x_{cl} \\ y_{cl} \\ z_{cl} \\ 1 \end{pmatrix}, \quad z_{cr} \begin{pmatrix} u_r \\ v_r \\ 1 \end{pmatrix} = \boldsymbol{K}_r \begin{pmatrix} x_{cr} \\ y_{cr} \\ z_{cr} \\ 1 \end{pmatrix} \tag{3.4}
$$

联解式（3.3）和式（3.4）可得

$$
\begin{cases}
x_{cl} = \dfrac{z_{cl} u_L}{f_1} \\[2mm]
y_{cl} = \dfrac{z_{cl} v_{cl}}{f_1} \\[2mm]
z_{cl} = \dfrac{f_1(f_r t_x - u_r t_y)}{u_r(r_7 u_1 + r_8 v_1 + r_9 f_1) - f_r(r_1 u_1 + r_2 v_1 + r_3 f_1)}
\end{cases} \tag{3.5}
$$

3.2　多视角几何知识

在多视角几何中，2D-2D 的对极几何、3D-2D 的 PnP（Perspective-n-Point）以及 3D-3D 的 ICP（Iterative Closest Point）方法都是用于估计相机位姿或物体之间相对位姿的重要方法[2]。其中，对极几何主要应用于两张有重叠视图的图像之间，通过匹配的特征点对来恢复两帧之间的相机运动[3]。它依赖于对极约束，即两幅图像中匹配点的连线与相机中心连线共面的性质。对极几何需要至少 8 个匹配点对来求解本质矩阵或基础矩阵，进而恢复相机的旋转矩阵和平移向量。这种方法存在尺度不确定性，即无法从 2D 图像直接确定深度信息，因此需要额外的初始化步骤来确定尺度。PnP 方法主要适用于在一些 3D 空间点及其在图像上的 2D 投影位置已知的情况下，估计相机的位姿（旋转矩阵和平移向量）[4]。与 2D-2D 对极几何相比，PnP 问题不需要对极约束，且可以在较少的匹配点对（至少 3 个）的情况下获得较好的运动估计。PnP 问题通常用于双目或 RGB-D 相机，可以直接使用 PnP 估计相机运动，而在单目视觉里程计中，必须先进行初始化，才能使用 PnP。ICP 方法主要用于

两组 3D 点之间的位姿估计，即寻找一个旋转矩阵和平移向量，使得一组 3D 点到另一组 3D 点的变换误差最小[5]。这种方法常用于 RGB-D SLAM 或激光 SLAM 中，其中 3D 点可以直接从深度信息中获得。ICP 不依赖于相机模型，而是直接在 3D 空间中寻找最优匹配。

总结来说，2D-2D 对极几何、3D-2D PnP 和 3D-3D ICP 之间的关系体现在它们处理的数据类型和求解位姿的方法上。2D-2D 对极几何依赖于图像匹配点和对极约束，3D-2D PnP 问题需要 3D 点和它们的 2D 投影，而 3D-3D ICP 问题则完全在 3D 空间中操作，不依赖于相机模型。这些方法在 SLAM 领域中都有广泛的应用。在惯性视觉定位中，要求系统具有较好的实时性和鲁棒性。对极几何主要关注的是如何从两个不同视角下的 2D 图像点之间的关系推导出相对位姿。这一方法计算量相对较小，主要利用图像上的点对点的匹配信息，因此，在实时定位中尤为重要。相比之下，PnP 方法需要解算三维点与二维图像点之间的映射，计算较为复杂；ICP 方法则要求进行点云匹配，计算量和时间开销更大。同时，IMU 数据可以提供相机的初步估计，对极几何可以直接利用图像上的点对点信息进行高精度的相对位置估计，可以更好地与 IMU 数据融合，减少误差积累。可以看出，对极几何在立体视觉和视觉惯性导航系统中发挥着重要的作用[6]。因此，下文围绕对极几何约束进行详细介绍。

3.2.1　对极几何约束

对极几何（Epipolar Geometry）关系是立体视觉成像平面间内在射影关系，是独立于场景信息的仅依赖相机内外参数的属性[7]。对极几何关系可以用于立体匹配相关特征点的搜索，提高特征匹配效率。对极几何关系示意图如图 3-3 所示。

如图所述，两个相机成像系统光心分别为 O 及 O'，两个光心 OO' 的连线称为基线，基线与两个成像平面交点 e 和 e' 称为极点，O、O' 和 P 3 个点确定的平面称为极平面，极平面与两个像平面之间的交线 l 和 l' 称为极线。我们将第一帧的坐标系下点 P 的空间位置设为 $\boldsymbol{P} = [X, Y, Z]^{\mathrm{T}}$，则依据附录 1.1.1 所述的针孔相机模型，当相机内参矩阵 $\boldsymbol{K}$ 和两个坐标系的相机运行 $\boldsymbol{R}$、$\boldsymbol{t}$ 已知时，我们可以知道两个像素点 u 和 u' 的像素位置分别为

$$s_1 \boldsymbol{p}_1 = \boldsymbol{K} \boldsymbol{P}, \quad s_2 \boldsymbol{p}_2 = \boldsymbol{K}(\boldsymbol{R} \boldsymbol{P} + \boldsymbol{t}) \tag{3.6}$$

在使用齐次坐标式时，式（3.7）中的 $s_1 \boldsymbol{p}_1$ 与 $\boldsymbol{p}_1$ 在尺度意义下相等，可以表示为

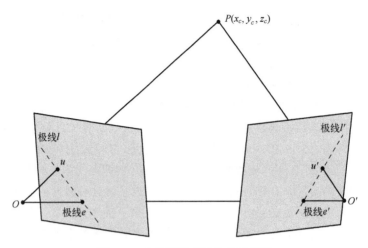

图 3-3　立体视觉对极几何示意图

$$s_1 \boldsymbol{p}_1 \simeq \boldsymbol{p}_1 \tag{3.7}$$

记点 P 在两个相机下的归一化平面坐标为 $\boldsymbol{x}_1$、$\boldsymbol{x}_2$，则 $\boldsymbol{x}_1$、$\boldsymbol{x}_2$ 与相应的原始点之间相差一个比例系数，即

$$s_1 \boldsymbol{x}_1 = \boldsymbol{P}_1 s_2 \boldsymbol{x}_2 = \boldsymbol{P}_2, \quad s_2 \boldsymbol{x}_2 = s_1 \boldsymbol{R} \boldsymbol{x}_1 + \boldsymbol{t} \tag{3.8}$$

为了避免不确定比例系数的影响，将式（3.8）整理成

$$\boldsymbol{x}_2 = \alpha \boldsymbol{R} \boldsymbol{x}_1 + \beta \boldsymbol{t} \tag{3.9}$$

对式（3.9）两侧同时与 $\boldsymbol{t}$ 做外积（也称叉积、向量积），有

$$\boldsymbol{t}^{\wedge} \boldsymbol{x}_2 = \alpha \boldsymbol{t}^{\wedge} \boldsymbol{R} \boldsymbol{x}_1 \tag{3.10}$$

式（3.10）等号左右再左乘 $\boldsymbol{x}_2^{\mathrm{T}}$，得

$$\boldsymbol{x}_2^{\mathrm{T}} \boldsymbol{t}^{\wedge} \boldsymbol{x}_2 = \alpha \boldsymbol{x}_2^{\mathrm{T}} \boldsymbol{t}^{\wedge} \boldsymbol{R} \boldsymbol{x}_1 \tag{3.11}$$

由于向量 $\boldsymbol{t}^{\wedge} \boldsymbol{x}_2$ 垂直于 $\boldsymbol{t}$ 和 $\boldsymbol{x}_2$，因此，式（3.11）左侧严格为 0。进一步将系数消除并记为

$$\boldsymbol{x}_2^{\mathrm{T}} \boldsymbol{t}^{\wedge} \boldsymbol{R} \boldsymbol{x}_1 = 0 \tag{3.12}$$

归一化平面坐标 $\boldsymbol{x}_1$、$\boldsymbol{x}_2$ 可以由像素坐标左乘内参的逆得到，即

$$\boldsymbol{x}_1 = \boldsymbol{K}^{-1} \boldsymbol{p}_1, \quad \boldsymbol{x}_2 = \boldsymbol{K}^{-1} \boldsymbol{p}_2 \tag{3.13}$$

将式（3.13）代入式（3.12）可得

$$\boldsymbol{p}_2^{\mathrm{T}} \boldsymbol{K}^{-\mathrm{T}} \boldsymbol{t}^{\wedge} \boldsymbol{R} \boldsymbol{K}^{-1} \boldsymbol{p}_1 = 0 \tag{3.14}$$

我们将 $\boldsymbol{p}_2^{\mathrm{T}} \boldsymbol{K}^{-\mathrm{T}} \boldsymbol{t}^{\wedge} \boldsymbol{R} \boldsymbol{K}^{-1} \boldsymbol{p}_1 = 0$ 和 $\boldsymbol{x}_2^{\mathrm{T}} \boldsymbol{t}^{\wedge} \boldsymbol{R} \boldsymbol{x}_1 = 0$ 都称为对极约束。对极约束实际上描述匹配点对（像素）的空间关系（与相机位姿的关系），其几何意义为 O、O' 和 P 三点共面。

3.2.2 本质矩阵

为了进一步简化对极约束，我们将式（3.14）中间部分分为两个矩阵：本质矩阵 $\boldsymbol{E}$ 和基础矩阵 $\boldsymbol{F}$。其具体定义如下：

$$\boldsymbol{E} = \boldsymbol{t}^{\wedge} \boldsymbol{R}, \quad \boldsymbol{F} = \boldsymbol{K}^{-\mathrm{T}} \boldsymbol{E} \boldsymbol{K}^{-1} \tag{3.15}$$

将式（3.15）代入对极约束可得简化后的公式为

$$\boldsymbol{p}_2^{\mathrm{T}} \boldsymbol{E} \boldsymbol{p}_1 = 0, \quad \boldsymbol{x}_2^{\mathrm{T}} \boldsymbol{E} \boldsymbol{x}_1 = 0 \tag{3.16}$$

可以看出，本质矩阵和基础矩阵的实质是将一幅图像中的特征点映射到另一幅图像中，这样就可将相机位姿估计问题变为两个具体的问题：一是根据匹配点对的关系求解本质矩阵或者基础矩阵，而内参往往是已知的，一般可以直接求解本质矩阵；二是根据本质矩阵的内在关系进行分解，求出 $\boldsymbol{R}$、$\boldsymbol{t}$。

首先，解决第一个问题。本质矩阵是一个 3×3 矩阵，它是由旋转与平移组成的（6 自由度）。注意到式（3.16）可以对任意尺度成立，说明本质矩阵可以放缩任意一个尺度，从而简化为 5 个自由度。因此，从理论上最少可以由 5 对点对求解（注意这里与 PnP 算法的不同，PnP 算法等号两边没有 0，一个点对可以建立两个等式，因此，一个点对可以约束 2 个自由度。这里一个点对只能建立一条等式，也就是约束一个自由度，因此需要 5 个点对）。但在实际过程中，我们常用 8 个点对进行求解，也就是八点法。将 8 对点代入式（3.16）的第二个等式，并将本质矩阵展开为一维向量，则可以建立线性方程组。记点对的归一化平面坐标为 $\boldsymbol{x}_1^{\mathrm{T}} = [u_1, v_1, 1]$，$\boldsymbol{x}_2^{\mathrm{T}} = [u_2, v_2, 1]$，则

$$[u_2, v_2, 1] = \begin{bmatrix} e_1 & e_2 & e_3 \\ e_4 & e_5 & e_6 \\ e_7 & e_8 & e_9 \end{bmatrix} \tag{3.17}$$

将所有点对放在一个方程中，即可得到对于任意尺度都成立的求解本质矩阵 $\boldsymbol{E}$ 的线性方程组：

$$\begin{bmatrix} u_2^1 u_1^1 & u_2^1 v_1^1 & u_2^1 & v_2^1 u_1^1 & v_2^1 v_1^1 & v_2^1 & u_1^1 & v_1^1 & 1 \\ u_2^2 u_1^2 & u_2^2 v_1^2 & u_2^2 & v_2^2 u_1^2 & v_2^2 v_1^2 & v_2^2 & u_1^2 & v_1^2 & 1 \\ \vdots & \vdots & \vdots & \vdots & \vdots & \vdots & \vdots & \vdots & \vdots \\ u_2^8 u_1^8 & u_2^8 v_1^8 & u_2^8 & v_2^8 u_1^8 & v_2^8 v_1^8 & v_2^8 & u_1^8 & v_1^8 & 1 \end{bmatrix} \begin{bmatrix} e_1 \\ e_2 \\ \vdots \\ e_9 \end{bmatrix} = 0 \tag{3.18}$$

其次，依据估得的本质矩阵 $\boldsymbol{E}$ 来解决第二个问题。对于任意一个本质矩阵 $\boldsymbol{E}$，有两组相对运动 $(\boldsymbol{R}, \boldsymbol{t})$ 与之对应。采用奇异值分解（Singular Value Decomposition, SVD）将 $\boldsymbol{E}$ 进行分解得[8]：

$$E = U\Sigma V^{\mathrm{T}} \tag{3.19}$$

式中：U、V 为正交阵；Σ 为奇异值矩阵。

与 E 对应的两组（R,t）分别为

$$t_1^\wedge = U R_z\left(\frac{\pi}{2}\right)\Sigma U^{\mathrm{T}}, \quad R_1 = U R_z^{\mathrm{T}}\left(\frac{\pi}{2}\right)V^{\mathrm{T}} \tag{3.20}$$

$$t_2^\wedge = U R_z\left(-\frac{\pi}{2}\right)\Sigma U^{\mathrm{T}}, \quad R_2 = U R_z^{\mathrm{T}}\left(-\frac{\pi}{2}\right)V^{\mathrm{T}} \tag{3.21}$$

式中：R_z 表示沿 z 轴旋转度的旋转矩阵。对比式（3.20）、式（3.21）可以发现，这两组解其实是以参考帧为中心，绕 z 轴呈 180°旋转对称的两组解。同时，由于 E 可以取任意符号，即 E 和 $-E$ 是等价的，所以对任意一个 t 取负号又取得一个符合条件的解，故一共有 4 组符合条件的解。

我们可以将任意一对特征点代入所取得的 4 组解中，检测该点在两个相机下的深度值。显然，物方特征点应该位于两个相机的前方，取两个深度值都为正的解即是正确的解。

值得注意的是，使用带有噪声的数据利用线性方程组求解得到的 E 可能并不是一个"正确"的解，即奇异值矩阵并不满足 E 的内在性质 $\Sigma = \mathrm{diag}(\sigma,\sigma,0)$。将对八点法求得的 E 进行 SVD，设 $\sigma_1 > \sigma_2 > \sigma_3$ 得到奇异值矩阵 $\Sigma = \mathrm{diag}(\sigma_1,\sigma_2,\sigma_3)$。为了方便计算，通常取 $\Sigma = \mathrm{diag}((\sigma_1+\sigma_2)/2,(\sigma_1+\sigma_2)/2,0)$ 或直接取 $(1,1,0)$。

3.3　立体视觉定位框架

双目立体视觉里程计系统以连续输入的图像信息为基础，经过对图像信息的处理，还原出相机及其所在载体的三维坐标信息和运动情况[9]。具体而言，双目相机在同一时刻 T 拍摄到同一场景 S_1 的两幅图像，通过对图像特征提取匹配及立体测量得到场景特征点三维坐标；在下一时刻 $T+\Delta t$，双目相机同样可以拍摄两幅场景图像，得到第二个场景 S_2 的特征点三维坐标；由于时间间隔 Δt 较短，两次拍摄到的场景有部分重叠区域，重叠区域中的特征点显然在世界坐标系下具有相同坐标值，但由于载体及相机坐标系发生了移动，这些特征点在两个时刻的载体坐标系下具有不同的坐标，通过解算这些特征点三维坐标关系，就可以得到两个时刻载体坐标系的变化情况，即对载体运动情况的估计。该过程的框图表示如图 3-4 所示。

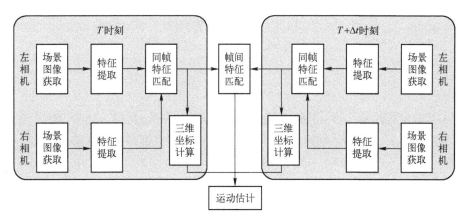

图 3-4　双目视觉里程计算法流程图

在本节中，首先，使用已标定双目相机拍摄场景图像，获得场景中物体在成像坐标系下的二维坐标 $P(u,v)$；其次，通过基于统计信息的 ES-FAST 算法提取并筛选图像特征点，采用基于区域梯度角特征的描述与匹配方法 GAFD 对同时刻左右相机两幅图像的特征点进行匹配，还原场景中特征点在相机坐标系（或载体坐标系）中的三维坐标 $P(x_c,y_c,z_c)$；再次，使用同样的方法还原相邻时刻的图像特征点的三维坐标；最后，根据前后帧图像中重叠特征点的坐标变化情况，通过运动估计算法推算出两帧图像对应载体坐标系的变化情况，从而得到车辆位置和姿态信息，全局车辆自主定位定向方法称为基于 ES-FAST 和 GAFD 的视觉里程计系统（Enhanced Image-Statistics FAST and Gradient-Angle Feature Visual Odometry，ESGA_VO）[10]。

3.4　车辆运动模型

当车辆运动姿态短时发生较大变化或双目相机成像质量较差时，根据视觉里程计系统估计得到的运动参数精度较低，会给定位定向结果引入较大误差。因此，通过分析车辆运动模型，建立前后时刻车辆运动信息关联，在视觉里程计系统估计结果明显错误时加以修正[11]。

车辆在短时间间隔的运动可分为 3 种情况：直线运动[12]、圆弧运动[13] 和俯仰运动[14]。

当车辆的姿态角不发生明显变化时，认为车辆在直线行驶。直线运动是车辆行驶中最简单的运动模型，此时，姿态变化和位置变化满足以下条件：

$$\begin{cases} \partial_{j+1} = \partial_j, \beta_{j+1} = \beta_j, \gamma_{j+1} = \gamma_j \\ x_{j+1} = x_j + v_j \Delta t \cos\beta_{j+1} \sin\gamma_{i+1} \\ y_{j+1} = y_j + v_j \Delta t \cos\beta_{j+1} \cos\gamma_{i+1} \\ z_{j+1} = z_j + v_j \Delta t \sin\beta_{j+1} \end{cases} \quad (3.22)$$

当车辆的航向角发生明显变化而俯仰角没有明显变化时，认为车辆在转向行驶。此时，车辆的运动轨迹不再是直线，而是沿着圆弧曲线运动，如图 3-5 所示。

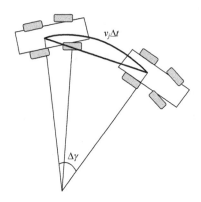

图 3-5　车辆圆弧运动示意图

此时，姿态和位置变化满足以下条件：

$$\begin{cases} \partial_{j+1} = \partial_j \\ \beta_{j+1} = \beta_j \\ \gamma_{j+1} = \gamma_j + \Delta\gamma_j \\ x_{j+1} = x_j + 2\dfrac{v_j \Delta t}{\Delta\gamma_j} \sin\dfrac{\Delta\gamma_j}{2} \cos\beta_{j+1} \sin\gamma_{i+1} \\ y_{j+1} = y_j + 2\dfrac{v_j \Delta t}{\Delta\gamma_j} \sin\dfrac{\Delta\gamma_j}{2} \cos\beta_{j+1} \cos\gamma_{i+1} \\ z_{j+1} = z_j + 2\dfrac{v_j \Delta t}{\Delta\gamma_j} \sin\dfrac{\Delta\gamma_j}{2} \sin\beta_{j+1} \end{cases} \quad (3.23)$$

当车辆发生颠簸或上下坡时，车辆的俯仰角会发生明显变化，此时，车辆的运动情况为向前平动和绕后轮转动的叠加，如图 3-6 所示。

此时，姿态和位置变化满足以下条件：

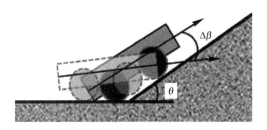

图 3-6　车辆俯仰运动示意图

$$
\begin{cases}
\partial_{j+1} = \partial_j \\
\beta_{j+1} = \beta_j + \Delta\beta_j \\
\gamma_{j+1} = \gamma_j \\
x_{j+1} = x_j + \dfrac{v_j \Delta t(\pi+\theta)}{\pi+\Delta\beta_j}\cos\beta_{j+1}\sin\gamma_{i+1} \\
y_{j+1} = y_j + \dfrac{v_j \Delta t(\pi+\theta)}{\pi+\Delta\beta_j}\cos\beta_{j+1}\cos\gamma_{i+1} \\
z_{j+1} = z_j + \dfrac{v_j \Delta t(\pi+\theta)}{\pi+\Delta\beta_j}\sin\beta_{j+1}
\end{cases}
\tag{3.24}
$$

　　根据以上建立的数学模型，求解式（5.3）即可得到车辆运动参数的估计。常用的运动估计方法包括最小二乘法[15]、最大似然法[16] 和随机抽样一致性算法（RANSAC）[17]。最小二乘法和最大似然法在进行运动参数估计时，对于实验中的粗大误差没有剔除，可能导致结果与实际情况有较大偏差，如图 3-7 所示。因此，为提高算法精度、有效避免粗大误差对运动估计结果的影响，本章采用基于随机抽样一致性的非线性最小二乘法完成车辆运动参数的估计。

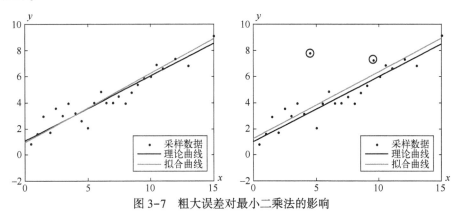

图 3-7　粗大误差对最小二乘法的影响

3.5　基于车辆运动估计的立体视觉定位算法

3.5.1　车辆运动估计算法

车辆运动估计算法用于计算载体坐标系相对于导航坐标系变化情况，具体而言，就是根据相邻时刻、相同场景点三维坐标在载体坐标系下变化情况，获得载体坐标系在该时间间隔内相对于导航参考坐标系的变换参数，从而通过航位推算获得车辆位置和姿态信息。在相邻时间间隔中，载体坐标系的变化可以用坐标系的旋转矩阵 $\boldsymbol{R}$ 和平移向量 $\boldsymbol{T}$ 描述，$\boldsymbol{R}$、$\boldsymbol{T}$ 和帧间特征点三维坐标满足如下关系：

$$\boldsymbol{P}_j^{i+1} = \boldsymbol{R}\boldsymbol{P}_j^i + \boldsymbol{T} \tag{3.25}$$

式中：$\boldsymbol{P}_j^i$ 和 $\boldsymbol{P}_j^{i+1}$ 分别为第 i 帧和第 $i+1$ 帧图像中第 j 个匹配点在载体坐标系下的三维坐标。旋转矩阵 $\boldsymbol{R}$ 表征载体的旋转运动即姿态变化情况：

$$\boldsymbol{R} = \begin{bmatrix} r_{11} & r_{12} & r_{13} \\ r_{21} & r_{22} & r_{23} \\ r_{31} & r_{32} & r_{33} \end{bmatrix} \tag{3.26}$$

平移向量 $\boldsymbol{T}$ 表征载体的平移运动即位置变化情况：

$$\boldsymbol{T} = \begin{bmatrix} \Delta x \\ \Delta y \\ \Delta z \end{bmatrix} \tag{3.27}$$

因此，为确定车辆在相邻两帧图像间位置和姿态变化情况，需要求解式（3.25）中 $\boldsymbol{R}$ 和 $\boldsymbol{T}$ 共 12 个参数。一对匹配点代入式中可以提供 3 个方程，理论上，只要两帧图像中有 4 对匹配点，就可以确定载体的运动情况。但由于特征点提取和匹配中存在误差和错误信息，必须采取多于 4 对匹配点构成超定方程组，利用优化算法计算旋转矩阵 $\boldsymbol{R}$ 和平移向量 $\boldsymbol{T}$ 的最优解。

旋转矩阵 $\boldsymbol{R}$ 是正交矩阵，其中的 12 个元素并非相互独立，满足如下关系：

$$\begin{cases} r_{11}^2 + r_{12}^2 + r_{13}^2 = 1 \\ r_{21}^2 + r_{22}^2 + r_{23}^2 = 1 \\ r_{31}^2 + r_{32}^2 + r_{33}^2 = 1 \\ r_{11}r_{21} + r_{12}r_{22} + r_{13}r_{23} = 0 \\ r_{11}r_{31} + r_{12}r_{32} + r_{13}r_{33} = 0 \\ r_{21}r_{31} + r_{22}r_{32} + r_{23}r_{33} = 0 \end{cases} \tag{3.28}$$

式（3.28）反映了旋转矩阵 $\boldsymbol{R}$ 的 6 个约束方程，因此，旋转矩阵中仅包含 3 个独立参数。结合旋转矩阵的物理意义，可以用表征绕轴旋转的 3 个角度即欧拉角描述旋转矩阵。设 α、β、γ 分别为坐标系发生旋转变化时绕 X 轴、Y 轴、Z 轴旋转过的角度，分别代表坐标系的滚转、俯仰和偏航运动，如图 3-8 所示。

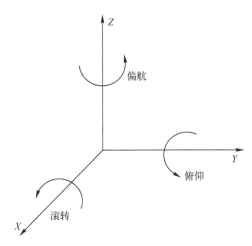

图 3-8　欧拉角表示坐标系旋转

绕单轴旋转的矩阵表示分别为

$$\boldsymbol{R}_X = \begin{bmatrix} 1 & 0 & 0 \\ 0 & \cos\alpha & -\sin\alpha \\ 0 & \sin\alpha & \cos\alpha \end{bmatrix} \tag{3.29}$$

$$\boldsymbol{R}_Y = \begin{bmatrix} \cos\beta & 0 & \sin\beta \\ 0 & 1 & 0 \\ -\sin\beta & 0 & \cos\beta \end{bmatrix} \tag{3.30}$$

$$\boldsymbol{R}_Z = \begin{bmatrix} \cos\gamma & -\sin\gamma & 0 \\ \sin\gamma & \cos\gamma & 0 \\ 0 & 0 & 1 \end{bmatrix} \tag{3.31}$$

旋转矩阵 $\boldsymbol{R}$ 为 3 个绕单轴旋转分量合成：

$$\begin{aligned} \boldsymbol{R} &= \boldsymbol{R}_x \boldsymbol{R}_y \boldsymbol{R}_z \\ &= \begin{bmatrix} \cos\beta\cos\gamma & -\cos\beta\cos\gamma & \sin\beta \\ \cos\alpha\sin\gamma+\sin\alpha\sin\beta\cos\gamma & \cos\alpha\cos\gamma-\sin\alpha\sin\beta\sin\gamma & -\sin\alpha\cos\beta \\ \sin\alpha\sin\gamma-\cos\alpha\sin\beta\cos\gamma & \sin\alpha\cos\gamma+\cos\alpha\sin\beta\sin\gamma & \cos\alpha\cos\beta \end{bmatrix} \end{aligned} \tag{3.32}$$

可以看出，式（3.32）仅由 3 个独立参数 α、β、γ 构成，但由于三角函数的存在，求解时需要处理非线性方程组，且欧拉角表示旋转矩阵会根据单轴旋转顺序和旋转正向的变化而产生不同的结果。

另一种旋转矩阵表示方法是四元数法[18]。四元数是指由 4 个元素构成的向量，它能够与坐标系发生 3 个维度旋转变化情况一一对应。对于二维坐标系下的单位圆，其上任意一点(x,y) 能够唯一对应一个小于 180° 的旋转角度 α；三维坐标系下的单位球，其上任意一点(x,y,z) 能够唯一对应两个小于 180° 的旋转角度(α,β)，如图 3-9 所示。

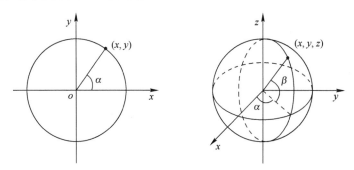

图 3-9　二维、三维坐标表示旋转角

因此，要表示坐标系(α,β,γ) 中 3 个角度变化情况，需要四维空间中单位球上的一点：

$$\boldsymbol{q} = \begin{bmatrix} q_0 \\ q_1 \\ q_2 \\ q_3 \end{bmatrix} \tag{3.33}$$

由于在车载视觉里程计系统中，短时间间隔内俯仰、偏航和滚动均不会超过 180°，因此，$\boldsymbol{q}$ 与(α,β,γ) 能够一一对应。用四元数法表示的旋转矩阵如下[19]：

$$\boldsymbol{R} = \begin{bmatrix} q_0^2 + q_1^2 - q_2^2 - q_3^2 & 2(q_1 q_2 - q_0 q_3) & 2(q_1 q_3 - q_0 q_2) \\ 2(q_1 q_2 + q_0 q_3) & q_0^2 - q_1^2 + q_2^2 - q_3^2 & 2(q_2 q_3 - q_0 q_1) \\ 2(q_1 q_3 - q_0 q_2) & 2(q_2 q_3 + q_0 q_1) & q_0^2 - q_1^2 - q_2^2 + q_3^2 \end{bmatrix} \tag{3.34}$$

计算得到四元数 $\boldsymbol{q}$ 中 4 个参数后，就可以通过式（3.34）求解出对应坐标系的旋转变化情况。四元数法表示载体的旋转运动，能够有效减少模型参数数量，且不存在奇异性问题。因此，本文中运动估计算法中选用四元数描述坐

标系的变化情况，此时，运动估计模型需要求解的参数变为

$$Q = \left[q_0, q_1, q_2, q_3, \Delta x, \Delta y, \Delta z \right]^{\mathrm{T}} \tag{3.35}$$

3.5.2　基于随机抽样一致的非线性最小二乘优化

随机抽样一致性算法认为，一组数据中同时包含内数据（Inliers）和外数据（Outliers），内数据符合实际模型，而外数据是误差较大的数据。算法通过迭代选取内数据集合，生成最优估计模型，从而剔除外数据的干扰。因此，先采用 RANSAC 算法将具有明显误差的外数据剔除。

在第 i 次前后帧运动估计过程中，假设有 n 对特征点成功匹配，构成数据集合 S：

$$S = \left\{ \left(P_j^{i+1}, P_j^i \right) \mid j = 1, 2, \cdots, n \right\} \tag{3.36}$$

首先从 S 中随机选取 3 个特征点对 S_0 代入式（3.25），求解运动估计模型的 7 个参数的初值 Q_0，以此作为运动估计初始模型。然后检测数据集合 S 中其余特征点对是否满足初始模型，记录所有特征点对代入初始模型后的误差 E_j，设定误差接受范围 th，据此第一次区分内数据和外数据，认为特征点对代入模型后的误差在接受范围的点为内数据：

$$S^* = \left\{ \left(P_j^{i+1}, P_j^i \right) \mid E_j \leqslant th, j = 1, 2, \cdots, n \right\} \tag{3.37}$$

选取不同的初始数据 S_0 进行模型参数估计，重复上述过程，得到多组运动参数及误差。设置重复终止条件：当 S^* 中特征点对数量大于 N（N 为先验信息，表示特征点对中预计正确匹配数量），或达到预设终止循环次数时，停止运算。此时认为具有最大元素数量的 S^* 是正确特征匹配点对集合，即运动估计的内数据 S^*。

然后构造最小二乘目标函数：

$$E(Q) = \sum_{j}^{n'} \left\| P_j^{i+1} - F_j(Q) \right\|^2 \tag{3.38}$$

式中：$F_j(Q) = R^i P_j^i + T$，n' 为 S^* 中包含特征点对数量。

文本采用 Levenberg–Marquardt 非线性最小二乘法计算 $E(Q)$。首先利用 RANSAC 内数据对应的模型解作为 Q 的初值，构造方程：

$$(A + \alpha I) d = B \tag{3.39}$$

式中：α 为阻尼因子，在计算过程中可以调整算法的收敛速度，初始取 $\alpha = 0.001$；$A = \sum_{j=1}^{n'} \left(\dfrac{\partial}{\partial Q} F_j(Q) \right)^{\mathrm{T}} \left(\dfrac{\partial}{\partial Q} F_j(Q) \right)$，$B = -\sum_{j=1}^{n'} \left(\dfrac{\partial}{\partial Q} F_j(Q) \right)^{\mathrm{T}} \left(P_j^{i+1} - F_j(Q) \right)$。

$$\frac{\partial}{\partial \boldsymbol{Q}}F(\boldsymbol{Q})=\begin{bmatrix}\dfrac{\partial}{\partial \boldsymbol{Q}_1}\boldsymbol{F}_1 & \cdots & \dfrac{\partial}{\partial \boldsymbol{Q}_7}\boldsymbol{F}_1 \\ \vdots & \ddots & \vdots \\ \dfrac{\partial}{\partial \boldsymbol{Q}_1}\boldsymbol{F}'_n & \cdots & \dfrac{\partial}{\partial \boldsymbol{Q}_7}\boldsymbol{F}'_n \end{bmatrix} \tag{3.40}$$

求解式（3.39），得到搜索方向向量 $\boldsymbol{d}$。更新运动参数 $\boldsymbol{Q}'=\boldsymbol{Q}+\boldsymbol{d}$，并计算 $E(\boldsymbol{Q}')$。如果 $E(\boldsymbol{Q}')\leqslant E(\boldsymbol{Q})$，令 $\alpha'=0.1\alpha$，否则，令 $\alpha'=10\alpha$。将 $\boldsymbol{Q}'$ 和 α' 再次代入非线性最小二乘法构造方程（3.39）重复上述过程，直至满足迭代终止条件：

$$\left|\frac{E(\boldsymbol{Q}')-E(\boldsymbol{Q})}{E(\boldsymbol{Q})}\right|\leqslant 0.001 \tag{3.41}$$

算法流程如图 3-10 所示。计算过程中，运动估计模型的参数 $\boldsymbol{Q}$ 在代入式（3.39）求解 $\boldsymbol{d}$ 时需要满足归一化条件，因此，每次迭代都需要先进行归一化处理。

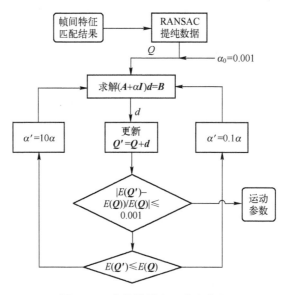

图 3-10　非线性最小二乘法流程

采用 RANSAC 算法剔除数据中的粗大误差并通过线性最小二乘法得到运动模型参数 $\boldsymbol{Q}$ 的初值，能够保证 LM 非线性最小二乘法收敛效率，通过阻尼非线性最小二乘法多次迭代求解，运动估计精度能够有效提高。

3.6　实验与分析

为验证本节提出的基于双目视觉里程计车辆自主定位算法性能，并与现有开源视觉里程计系统性能进行对比，本节选取国际著名计算机视觉数据库KITTI 提供的图像数据及标准数据进行实验分析。

KITTI 数据库中的图像采集于德国卡尔斯鲁厄，实验车辆行驶于城市、乡村道路及高速公路时利用双目相机拍摄环境图像，同时，由 Velodyne 和 IMU/GPS 定位系统同步提供高精度运动参数标准值，该系统参数如表 3-1 所列。

表 3-1　KITTI 实验图像采集系统硬件

项　　目	参　　数
彩色 CCD 相机	Point Grey FL2-14S3C-C
黑白 CCD 相机	Point Grey FL2-14S3M-C
高精度惯导系统	OXTS RT3003
64 线激光雷达	Velodyne HDL-64E
变焦距透镜	Edmund Optics NT59-917
相机采集频率	10Hz
雷达扫描频率	10Hz
图像尺寸	1382×512 像素

本节实验时使用的硬件配置为 Intel Core i7-4790K CPU，主频 4GHz，内存 4GB 台式计算机，软件配置为 Microsoft Visual Studio 2010 及 Matlab R2014a。

首先在 KITTI 数据集上运行 ESGA_VO 算法，得到车辆运行轨迹及相关参数。同时，为对比算法性能，运行 LIBVISO2 算法进行对比实验。在此仅列举其中序列为 03 和 05 的示例图像，分别代表车辆行驶于乡村道路及城市公路的情况。实际车辆运行轨迹、ESGA_VO 定位结果与对比实验结果如图 3-11 所示。

从以上两个示例中可以明显看出，ESGA_VO 定位数据相较于 LIBVISO2 更加准确，尤其是当车辆行驶距离较长时，其精度优势更加显著。

为量化分析算法性能，下面计算载体运动参数估计过程中的平移误差和旋转误差。定义视觉里程计系统定位误差 E 的齐次形式为

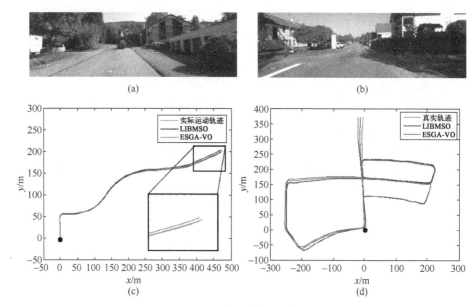

(a)　　　　　　　　　　　　　(b)

(c)　　　　　　　　　　　　　(d)

图 3-11　示例图像及运动轨迹

（a）序列 03 示例图像；（b）序列 05 示例图像；（c）序列 03 运动轨迹；（d）序列 05 运动轨迹。

图 3-11　示例图像及运动轨迹

$$E=\begin{bmatrix} \Delta R & \Delta T \\ 0 & 1 \end{bmatrix}=\widehat{Tr}\cdot Tr^{-1} \tag{3.42}$$

式中：$\widehat{Tr}=\begin{bmatrix} \hat{R} & \hat{T} \\ 0 & 1 \end{bmatrix}$为运动参数估计值；$Tr=\begin{bmatrix} R & T \\ 0 & 1 \end{bmatrix}$为运动参数真值。分别求出平移误差 E_T 和旋转误差 E_R。

E_T 为平移误差向量 ΔT 的长度：

$$E_T=\|\Delta T\|=\sqrt{\Delta x^2+\Delta y^2+\Delta z^2} \tag{3.43}$$

E_R 为旋转误差矩阵 ΔR 的轴-角度表达：

$$E_R=\arccos\left(\frac{\mathrm{tr}(\Delta R)-1}{2}\right) \tag{3.44}$$

据此，对比两种算法运动参数估计过程中旋转及平移误差误差情况，得到图 3-12。

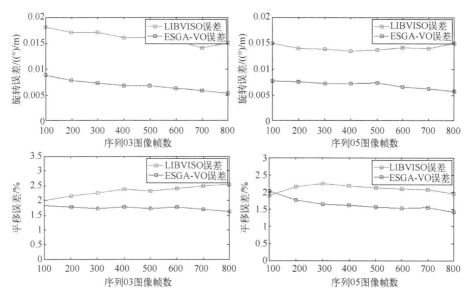

图 3-12　实验旋转误差及平移误差

图 3-12　实验旋转误差及平移误差

ESGA_VO 算法平均旋转误差和平移误差均小于 LIBVISO2 算法，由于算法单帧姿态和位置估计精度较高，相对误差会随着行驶距离增加而逐渐收敛，不会出现由个别帧图像较大误差而引起全局定位出现巨大偏差。对 KITTI 提供的序列图像进行仿真实验，同时对比其他几种视觉里程计算法，得到精度对照结果，如表 3-2 所列。

表 3-2　各种视觉里程计算法精度

算　　法	旋转误差/((°)/m)	平移误差/%
ESGA_VO	0.0072	1.67
LIBVISO2	0.0176	1.84
D6DVO	0.0051	2.04
BoofCV-SQ3	0.0073	2.54

进一步分析在视觉里程计算法流程中对运动参数估计精度较大的图像特征提取及匹配过程。其中两个关键指标是：在图像中提取到的特征点数目以及支

持运动参数模型的内数据比例。分析 LIBVISO2 算法和 ESGA_VO 算法前 800 帧图像中匹配点数目与内数据比例，得到图 3-13。序列 03 图像集中，LIBVISO2 在每幅图像中检测到的匹配点数目平均为 281 个，而 ESGA_VO 平均水平为 308 个，对应匹配点数目标准差分别为 36.3 和 12.1；序列 05 图像集中，LIBVISO2 在每幅图像中检测到的匹配点数目平均为 243 个，ESGA_VO 平均水平为 259 个，对应匹配点数目标准差分别为 37.1 和 12.8。内数据比例直接反映了特征匹配的准确率，ESGS_VO 算法内数据在每帧图像中的比例基本保持在 70%~80%，比 LIBVISO 算法平均高出 12.2%。从上述分析中可以明显看出，ESGA_VO 算法由于在特征提取和匹配精度上相对于 LIBVISO2 算法有明显提高，因而运动参数估计更加准确。

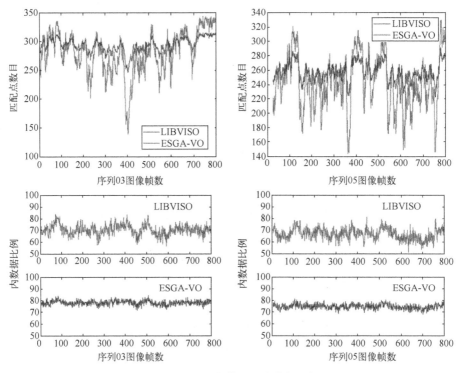

图 3-13   匹配点数目及内数据比例

图 3-13   匹配点数目及内数据比例

3.7 本 章 小 结

本章论述了基于车辆运动估计的立体视觉定位，首先介绍了双目相机模型如何通过捕捉图像计算视差直接得到场景的深度信息，从而完成车辆的立体视觉定位。其次介绍了适配立体视觉和视觉惯性导航系统的多视角几何知识，从对极几何约束和本质矩阵两方面说明了如何从两个不同视角下的 2D 图像点之间的关系推导出相对位姿。随后搭建了立体视觉定位的整体框架，构建车辆运动模型。基于上述两项工作，提出了基于车辆运动估计的立体视觉定位算法，选用车辆估计算法和基于 RANSAC 的非线性最小二乘运动估计方法来进行算法主干的搭建。通过 KITTI 数据的仿真实验验证了视觉里程计整体算法的性能，其平均平移误差为 1.67%，平均旋转误差为 0.0072°/m。

参 考 文 献

[1] DING X Q, WANG Y, XIONG R, et al. Persistent stereo visual localization on cross-modal invariant map [J]. IEEE Transactions on Intelligent Transportation Systems, 2020, 21 (11): 4646-4658.

[2] 高翔, 张涛, 颜沁睿, 等. 视觉 SLAM 十四讲: 从理论到实践 [M]. 北京: 电子工业出版社, 2017.

[3] 吴成柯, 颜尧平, 卢朝阳, 等. 对极几何约束下的运动估计和补偿 [J]. 电子学报, 1998, 26 (10): 66-69.

[4] XIE X Y, ZOU D Y. Depth-based efficient pnp: a rapid and accurate method for camera pose estimation [J]. IEEE Robotics and Automation Letters, 2024, 9 (11): 9287-9294.

[5] CHEN C W, WANG J, SHIEH M D. Edge-based meta-ICP algorithm for reliable camera pose estimation [J]. IEEE Access, 2021, 9: 89020-89028.

[6] HUANG K, ZHANG F L, ZHAO J H, et al. 360° stereo image composition with depth adaption [J]. IEEE Transactions on Visualization and Computer Graphics, 2024, 30 (9): 6177-6191.

[7] 姜露露, 彭健. 基于极线几何约束的非标定图像的立体匹配 [J]. 计算机应用, 2007, 27 (11): 2800-2803.

[8] KAMMLER D W. A perturbation analysis of the intrinsic conditioning of an approximate null vector computed with a SVD [J]. Journal of Computational and Applied Mathematics, 1983, 9 (3): 201-204.

[9] 王磊, 程向红, 李进, 等. 基于交互式多模型 MSCKF 的双目视觉/惯性里程计算法 [J].

中国惯性技术学报, 2021, 29 (2): 221-228.

[10] MIN H G, WU X, CHENG C Y, et al. Kinematic and dynamic vehicle model-assisted global positioning method for autonomous vehicles with low-cost GPS/camera/in-vehicle sensors [J]. Sensors, 2019, 19 (24): 5430.

[11] SOERSTEDT J, SVENSSON L, SANDBLOM F. A new vehicle motion model for improved predictions and situation assessment [J]. IEEE Transactions on Intelligent Transportation Systems, 2011, 12 (4): 1209-1219.

[12] SEO J H, KWON S K, KIM K D. A discrete-time linear model predictive control for motion planning of an autonomous vehicle with adaptive cruise control and obstacle overtaking [J]. Advances in Mechanical Engineering, 2022, 14 (8): 1-12.

[13] HU X R, SHI Y, XIE L, et al. Distributed non-linear model predictive control with Gaussian process dynamics for two-dimensional motion of vehicle platoon [J]. IET Intelligent Transport Systems, 2024, 18 (1): 1-15.

[14] GU Z Q, HUANG T M, CHEN Z, et al. Large eddy simulation of the flow-field around road vehicle subjected to pitching motion [J]. Journal of Applied Fluid Mechanics, 2016, 9 (6): 2731-2741.

[15] CHOR W T, TAN C P, BAKIBILLAH A S M, et al. Robust vehicle mass estimation using recursive least M-Squares algorithm for intelligent vehicles [J]. IEEE Transactions on Intelligent Vehicles, 2024, 9 (1): 165-177.

[16] LIU H, XIE H, WANG Z, et al. Single-snapshot direction of arrival estimation for vehicle-mounted millimeter-wave radar via fast deterministic maximum likelihood algorithm [J]. World Electric Vehicle Journal, 2024, 15 (7): 321.

[17] FONTANELLI D, CAPPELLETTI M, MACII D. A RANSAC-based fast road line detection algorithm for high-speed wheeled vehicles [C]//Proceedings of IEEE International Instrumentation and Measurement Technology Conference. Hangzhou, China: IEEE, 2011: 1-6.

[18] 黄浴, 袁保宗. 一种基于旋转矩阵单位四元数分解的运动估计算法 [J]. 电子与信息学报, 1996, 18 (4): 337-343.

[19] 张勋. 基于稀疏表示与字典训练的图像着色与图像修复算法研究 [D]. 北京: 北京交通大学, 2014.

第4章 基于像素/亚像素融合的特征检测方法

传统视觉惯性定位算法进行特征检测时，一般采用像素级特征检测算法。若想提高特征检测精度，只能增加检测的特征点数目，使得系统的计算量由此提高，这就需要更换计算能力更好的硬件系统。因此，希望能够在不改变硬件系统的情况下，提高视觉惯性系统的定位精度。针对该问题，本章将亚像素级特征检测算法与传统像素级特征检测算法融合[1]，利用像素级特征算法进行初始特征检测和获得需要优化的特征点数量，再加入亚角点检测算法对初始值进行迭代[2]，提升角点精度，并对结果进行边缘约束，防止角点亚像素边缘检测越界。

4.1 亚像素级特征检测算法

传统图像特征检测方法（FAST、Harris 等）是以像素为单位进行的，具体细节请见 2.2.1 节。当需要处理的图像边缘由于各类外界因素变为模糊时，如图 4-1 所示，基于像素点的特征检测很难获得精确的角点，此时，需要亚像素级的特征检测算法[3-4]在硬件条件不变的情况下获得更高的检测精度。

图 4-1 图像边缘

图像中像素与像素之间存在像素间距，将像素间距间更为微小的点称为亚像素。亚像素无法利用硬件传感器对其进行检测，只能通过数学定义利用软件将其近似计算。假设原图像以像素为单位，为 n 行 m 列；将其以 k 细分的亚像素作为单位时，即将 4 个像素点包围的区域分割为 $(k+1)×(k+1)$ 的亚像素格，如图 4-2 所示，原图像变为 N 行 M 列，其中

$$\begin{cases} N=k×n \\ M=k×m \end{cases} \qquad (4.1)$$

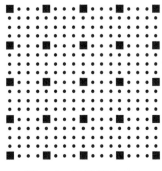

图 4-2 亚像素示意图

对亚像素级的检测算法目前主要有 4 种类型，分别为矩方法、插值法、拟合法和最小二乘法[5]。矩方法计算量少，可以得到对应解析解，但其由于模型构建问题，对噪声较为敏感。其代表方法为空间矩和 Zernike 正交矩。插值法的特点与矩方法类似，代表方法为二次插值、B 样条插值和切比雪夫多项式插值等，其中二次插值算法过程简单，可实现在线检测。拟合法是通过构建边缘灰度检测模型实现亚像素的检测定位，其算法模型复杂，计算速度慢，对噪声不敏感。最小二乘法是利用亚像素角点到周围特征像素点的向量方向垂直于该区域图像灰度梯度的原理，之后，利用最小化误差函数进行迭代，获得最优亚像素角点，其算法准确性高，计算量较大，应用广泛。根据文献［8］可得，最小二乘法的准确度最高，为保证系统的定位精度，本节选择基于最小二乘法的亚像素检测算法。

假设由待求亚像素点 q 确定的邻域中选取一任意初始点 p，坐标已知，如图 4-3 所示。若 p 点在灰度均匀区域内部时，其像素梯度为 0；若 p 点在边缘区域时，向量 $\overrightarrow{qp}$ 垂直于该区域像素梯度。只有上述两种情况出现时，向量 $\overrightarrow{qp}$ 与该区域梯度向量积为 0。

因无法确定像素点是否位于边缘，需要在邻域内选取多个像素点进行计算，将向量积为 0 的等式组合为一个系统方程，求出系统方程解，获得更精确的亚像素角点位置，将新的 q 点坐标作为区域中心，继续迭代计算，可获得精确度更高的亚像素角点位置。其具体计算过程如下。

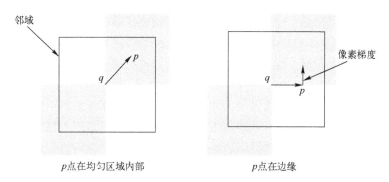

图 4-3 亚像素角点判定条件

令 G_i 为该区域像素梯度向量，p_i 为亚像素点邻域中第 i 个像素点，(p_i-q) 为 q 点到 p_i 点的向量，因此，亚像素角点需满足的条件为

$$G_i \times (p_i - q) = 0 \tag{4.2}$$

化解可得 q 的方程为

$$q = (G_i^{\mathrm{T}} G_i)^{-1} \times (G_i^{\mathrm{T}} G_i p_i) \tag{4.3}$$

通过式（4.3）可得，若要求解 q 点，需要 G_i 和 p_i 的值。因此，本书将通过 Harris 特征检测算法选出的角点作为初始点 q_0，以 q_0 为中心，确定一定尺寸的窗口，窗口内所有的点都可作为 p_i。根据 Sobel 算子卷积可得 p_i 点的像素梯度 G_i 为

$$G_i = [\mathrm{d}x \quad \mathrm{d}y] \tag{4.4}$$

由于有多个 C 点，q 点为固定一个点，所以将各个点的像素梯度进行求和，式（4.3）改写如下：

$$q = \sum_{i=0}^{N} (G_i^{\mathrm{T}} G_i)^{-1} \times (G_i^{\mathrm{T}} G_i p_i) \tag{4.5}$$

又因为各 p_i 点距 q 点长度不同，在 p_i 点处引入高斯权重 ω_i，式（4.5）可进一步更新为

$$q = \sum_{i=0}^{N} (G_i^{\mathrm{T}} G_i \omega_i)^{-1} \times (G_i^{\mathrm{T}} G_i \omega_i p_i) \tag{4.6}$$

因此，具体算法流程如下。

（1）根据 Harris 检测出的角点作为 q_0 点，以 q_0 点为中心取一定尺寸的窗口，利用 Sobel 算子对窗口内 p_i 点求梯度。

（2）利用最小二乘法将 p_i 点和像素梯度 G_i 代入 q 点计算公式中，建立系统方程求解，得到新的亚像素点 q_1。

（3）以 q_1 为中心，再次进行迭代计算新的亚像素点 q_i。

（4）算法终止条件有两种方式。

① 指定迭代次数。指定迭代次数，到达该次数后自动停止，认为得到最优解。

② 指定结果精度。设定阈值 ξ，若 $q_n - q_{n-1} \leqslant \xi$，则终止程序，认为 q_n 为最优解。

亚像素特征检测算法通过最小化误差函数的迭代算法获得亚像素级精度的角点坐标值，在不改变硬件系统的情况下，将图像检测精度大幅提高。在像素级特征检测的基础上加入亚像素级检测，能提升视觉系统的位姿计算精度，更好地进行视觉定位。

4.2　点线特征匹配

点线特征匹配主要分为基于特征匹配和基于灰度匹配[6]。基于特征匹配一般利用特征中的描述子对周围图像进行描述，匹配精度较高，速度较慢。基于灰度匹配一般分为光流法和直接法。该匹配方法忽略描述子信息，利用图像块的灰度信息进行匹配，运算速度快，匹配精度相对较低。本书为保证算法的实时性，采用光流法[7]进行特征匹配。

光流法基于灰度不变假设。在图像坐标系下，像素 t 时刻坐标为 (x, y)，经过 $\mathrm{d}t$ 时间后，其坐标为 $(x+\mathrm{d}x, y+\mathrm{d}y)$，即

$$I(x+\mathrm{d}x, y+\mathrm{d}y, t+\mathrm{d}t) = I(x, y, t) \tag{4.7}$$

对式（4.7）的左边进行一阶泰勒展开后，有

$$I(x+\mathrm{d}x, y+\mathrm{d}y, t+\mathrm{d}t) \approx I(x, y, t) + \frac{\partial I}{\partial x}\mathrm{d}x + \frac{\partial I}{\partial y}\mathrm{d}y + \frac{\partial I}{\partial t}\mathrm{d}t \tag{4.8}$$

可得

$$\frac{\partial I}{\partial x}\mathrm{d}x + \frac{\partial I}{\partial y}\mathrm{d}y + \frac{\partial I}{\partial t}\mathrm{d}t = 0 \tag{4.9}$$

将 $\mathrm{d}x$、$\mathrm{d}y$ 同时对 $\mathrm{d}t$ 求导，得

$$\frac{\partial I}{\partial x}\frac{\mathrm{d}x}{\mathrm{d}t} + \frac{\partial I}{\partial y}\frac{\mathrm{d}y}{\mathrm{d}t} = -\frac{\partial I}{\partial t} \tag{4.10}$$

式中：将 $\dfrac{\mathrm{d}x}{\mathrm{d}t}$ 记为 u，作为像素在图像坐标系 x 方向的速度；将 $\dfrac{\mathrm{d}y}{\mathrm{d}t}$ 记为 v，作为像素在图像坐标系 y 方向的速度；将 $\dfrac{\partial I}{\partial x}$、$\dfrac{\partial I}{\partial y}$ 分别记为图像在 x、y 方向的梯度，记为 I_x、I_y。

将图像灰度对时间的梯度记为 I_t, 公式如下:

$$\begin{bmatrix} I_x & I_y \end{bmatrix} \begin{bmatrix} u \\ v \end{bmatrix} = -I_t \tag{4.11}$$

在光流法中, 假设 $w \times w$ 大小的一个窗口中含有 w^2 个像素, 若窗口内每个像素具有相同的运动过程, 则存在 w^2 个方程:

$$\begin{bmatrix} I_x & I_y \end{bmatrix}_k \begin{bmatrix} u \\ v \end{bmatrix} = -I_{tk} \quad k = 1, 2, \cdots, w^2 \tag{4.12}$$

则有

$$A = \begin{bmatrix} \begin{bmatrix} I_x & I_y \end{bmatrix}_1 \\ \vdots \\ \begin{bmatrix} I_x & I_y \end{bmatrix}_k \end{bmatrix}, \quad b = \begin{bmatrix} I_{t1} \\ \vdots \\ I_{tk} \end{bmatrix} \tag{4.13}$$

可将方程简写为

$$A \begin{bmatrix} u \\ v \end{bmatrix} = -b \tag{4.14}$$

对式 (4.14) 进行最小二乘法求解, 得

$$\begin{bmatrix} u \\ v \end{bmatrix}^* = -(A^T A)^{-1} A^T b \tag{4.15}$$

由此可得到像素在图像间的运动速度 u、v。光流法是指利用提取关键点的信息, 不进行描述子的计算。根据像素在运动过程中灰度的变化关系来跟踪角点的位置变化, 因此计算速度快, 能够在系统中对提取的角点进行实时跟踪。同时, 光流法基于灰度不变假设, 受光照变化影响较大, 为保证光流法跟踪的精度, 角点提取的准确度需要提高。

4.3 像素/亚像素特征融合检测算法流程

传统视觉惯性定位系统一般采用像素级特征提取算法, 如果要在特征提取部分提高精度, 只能采取高分辨率的图像卡或特殊光源照明的方式。利用硬件系统提升提取精度不仅价格昂贵, 还易受到外界环境干扰。因此, 利用算法提高特征提取精度具有成本低和运算高效的优点。

本节将亚像素级与像素级特征检测算法相结合[8], 使点特征提取精度达到亚像素级别的要求。基于此, 提出了 Sub-VINS (Subpixel-Visual Inertial Navigation) 算法, 算法流程图如图4-4所示。

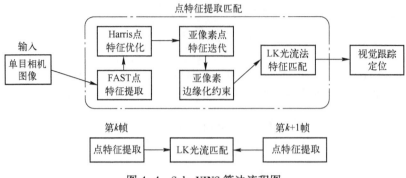

图 4-4 Sub-VINS 算法流程图

Sub-VINS 算法将亚像素级特征检测与像素级特征检测结合，利用 FAST 和 Harris 两种像素级特征检测的方法对视觉系统的输入图像进行第一轮角点检测；然后在已检测出的角点上利用最小二乘法的亚像素级角点检测方法进行二次筛选，从而获得精度更高的像素特征，使得载体视觉部分的位姿估计更为准确和鲁棒；最后利用亚像素检测结果进行图像边缘化约束，防止亚像素特征点越界。Sub-VINS 算法中关于亚像素特征检测的伪代码如算法 1 所示。

算法 1 亚像素级特征检测算法

Input：   观测图像帧中角点   n
               高斯权重 w

For   i=0；i<n；i++
      For   j=0；j<10；j++
      Select q_j in window
      If   grad_p_i×(p_i − q_j)≠ 0
           p_i 和 q_j 的像素梯度求和
           END if
      If   p_i(x,y) < 1
           p_i(x,y) = 1
           END if
           END for
      END for

Output：   亚像素角点 p_j

4.4　实验与分析

4.4.1　算法性能分析

本节对两种特征检测算法进行预处理，选取 EuRoC 公共数据集中的图片进行实验，两幅图片分别为工厂和低纹理环境。图 4-5 左侧为 FAST 角点检测算法，右侧为亚像素特征检测算法。根据图 4-5（a）中两幅图片对比，观察到在工厂环境下，亚像素算法针对于同一图片能够检测出更多像素特征点，将物体的边缘能够基本完整地描述出来。在低纹理环境下，观察图 4-5（b）中的两幅图像，FAST 特征检测能够提取到图像中有效的角点信息，亚像素特征检测提取到大量的无用特征信息。如果采用亚像素特征算法直接对图像中的信息进行检测，得到的无用点信息较多，需要在 FAST 和 Harris 特征检测的基础上对角点进行迭代处理，从而将角点精度级别由像素级提高到亚像素级，降低算法误匹配概率。

(a)

(b)

图 4-5　FAST 与亚像素特征检测对比图

（a）工厂环境；（b）低纹理环境。

图 4-5　FAST 与亚像素特征检测对比图

4.4.2　定位精度分析

为验证本章提出 Sub-VINS 算法的实用性，采取 EuRoC 公共数据集进行算法验证。该数据集是利用微型飞行器对两个房间和工厂进行场景拍摄，其运动场景基本包含各类光照变化情况，能够对算法的应用情况进行真实反映。本次算法验证实验采取数据集中 MH 系列和 V1 系列共 8 个场景进行测试。8 个场景根据光线变化情况和载体运动情况分为简单、中等和困难 3 个等级。为保证实验效果的普适性，本次实验对每个场景都进行测试，以获得认可度较高的实验数据。实验处理平台采用 Intel（R）Core（TM）i7-10750H CPU，显卡为 NVIDIA GeForce GTX 1650，机带 RAM 为 16.0 GB 的笔记本电脑。实验环境由 Ubuntu 18.04、ROS melodic、OpenCV 3.2.0、Eigen-3.3.7、Ceres Solve 组成。本次算法实验与传统视觉惯性系统 VINS-mono 进行数据对比。

本书采取绝对位姿误差（APE）对实验效果进行数据评估。绝对位姿误差是利用算法运行后的估计值与数据集中的真实值进行比较，计算其轨迹误差。评判数据的回归评价指标有和方差（SSE）、标准差（STD）和均方根误差（RMSE）。3 种指标的计算公式如下：

$$SSE = \sum_{i=1}^{m} \omega_i (X_i - \hat{X}_i)^2 \tag{4.16}$$

$$STD = \sqrt{\frac{1}{m} \sum_{i=1}^{n} (X_i - \overline{X})^2} \tag{4.17}$$

$$RMSE = \sqrt{\frac{1}{m} \sum_{i=1}^{m} (X_i - \hat{X}_i)^2} \tag{4.18}$$

式中：X_i 为样本真实值；$\hat{X}_i$ 为算法预测值。和方差（SSE）、标准差（STD）和均方根误差（RMSE）的评价指标相同，当其值越接近 0，表明其与模型越接近，算法精度越高。为保证实验效果的准确性和普适性，本书主要根据均方根误差评价算法的优劣，其余两个评价指标作为辅助评价基准。

在算法运行过程中，将算法产生的预测轨迹与数据集中的真实轨迹进行比较，形成轨迹误差图。该轨迹误差图中的虚线为真实轨迹，实线为本章算法的轨迹图。其中，实线颜色越靠近图右边颜色柱顶端，说明算法与真实估计相差越大；越靠近图右边颜色柱底端，算法轨迹值与真实值越接近。图 4-6 为 Eu-RoC 数据集中各个场景的轨迹图与真实轨迹的轨迹误差图。

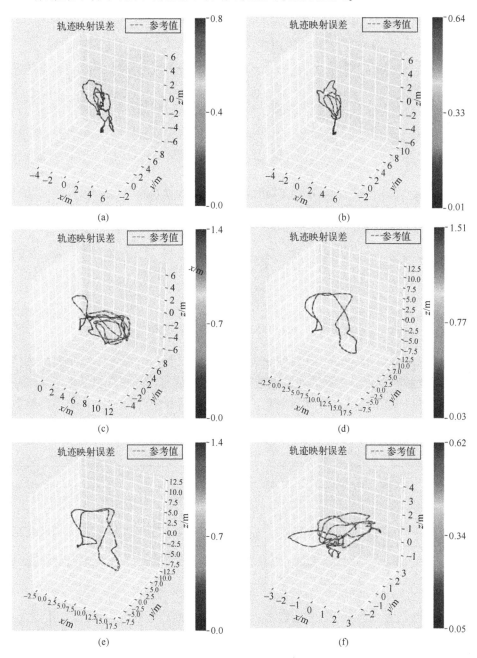

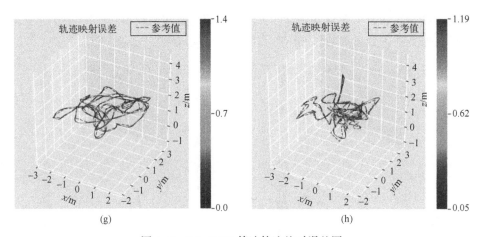

(g)   (h)

图4-6 Sub-VINS算法轨迹绝对误差图

（a）MH_01轨迹图；（b）MH_02轨迹图；（c）MH_03轨迹图；（d）MH_04轨迹图；
（e）MH_05轨迹图；（f）V1_01轨迹图；（g）V1_02轨迹图；（h）V1_03轨迹图。

图4-6 Sub-VINS算法轨迹绝对误差图

由图4-6可得，Sub-VINS算法输出的轨迹图基本为深色，与代表真实估计的虚线基本拟合。为保证实验数据精度，将算法与传统视觉惯性系统VINS-mono在同一数据集下的均方根误差、和方差与标准差进行对比，使得实验数据更具有信服力。表4-1为本章实验的实验结果。

表4-1 Sub-VINS算法与VINS-mono在EuRoC数据集的实验结果比较

EuRoC 序列	Sub-VINS			VINS-mono		
	RMSE	SSE	STD	RMSE	SSE	STD
MH_01	0.211599	47.5054	0.109916	0.215816	49.2778	0.10765
MH_02	0.205729	37.9649	0.111218	0.207504	38.7091	0.112926
MH_03	0.429919	180.949	0.260296	0.430108	179.443	0.257942
MH_04	0.406471	115.653	0.243968	0.546682	209.801	0.334325
MH_05	0.397132	114.027	0.216259	0.395285	110	0.218265
V1_01	0.251337	68.1608	0.0967868	0.248981	67.3228	0.0976091
V1_02	0.402499	124.582	0.22206	0.402993	124.726	0.222118
V1_03	0.418443	162.487	0.212803	0.406965	153.53	0.216511

由表 4-1 可知，相较于 VINS-mono，本章提出的 Sub-VINS 算法在 EuRoC 数据集中的 5 个场景是优于 VINS-mono 数据的，其余 3 个场景的 RMSE 值相差并不明显。Sub-VINS 算法能够提高视觉惯性系统的检测精度，从而使得实验的定位精度得以提高，能够更好地与数据集中的真实路径相拟合。其中，MH_04 数据包含较为剧烈的光照条件变化以及较为剧烈的飞行器运动，对于算法性能具有一定挑战性。Sub-VINS 算法在 MH_04 的均方根误差值较 VINS-mono 有了较大提高。由此表明，Sub-VINS 算法能够在较为复杂场景中正常工作，并拥有更高的准确度和鲁棒性。

4.5　本章小结

本章论述了基于像素/亚像素融合的特征检测方法，首先结合传统图像特征检测方法介绍了亚像素级特征检测算法，在硬件条件不变的情况下获得更高的检测精度；其次介绍了基于光流法的特征匹配方法，确保匹配精度相对较高的同时保证算法实时性；随后介绍了像素/亚像素特征融合检测算法流程，将亚像素级与像素级特征检测算法相结合使点特征提取精度达到亚像素级别的要求。通过 EuRoC 公共数据集进行了算法性能分析和定位精度分析，结果表明：直接采用亚像素算法能检测出更多像素特征点，但也会提取到大量无用特征信息。相较于 VINS-mono，提出的 Sub-VINS 算法在 EuRoC 数据集中的 5 个场景优于 VINS-mono 数据，在 MH_04 场景中 RMSE 为 0.406471。

参 考 文 献

[1] MELENDEZ J, PUIG D, ANGEL G M. Multi-level pixel-based texture classification through efficient prototype selection via normalized cut [J]. Pattern Recognition, 2010, 43 (12): 4113-4123.

[2] ZHANG Y S, ZHAO X, QIAN D H. Learning-based distortion correction and feature detection for high precision and robust camera calibration [J]. IEEE Robotics and Automation Letters, 7 (4): 10470-10477.

[3] HARRIS C G, STEPHENS M J. A combined corner and edge detector [C]// Proceedings of Alvey Vision Conference. Manchester, UK: AVC, 1988: 147-151.

[4] 王建民, 浦昭邦, 刘国栋. 提高图像测量系统精度的细分算法的研究 [J]. 光学精密工程, 1998, 6 (4): 44-50.

[5] 谢绍敏, 李新荣. 亚像素级数字图像弱边缘小目标快速检测算法 [J]. 现代电子技术, 2024, 47 (13): 23-26.

［6］ LEE J W, KWEON I S. Image point feature matching by triangulation ［J］. Intelligent Automation and Soft Computing, 1997, 3（2）: 135-149.

［7］ DENG Z L, YANG D X, ZHANG X H, et al. Real-time image stabilization method based on optical flow and binary point feature matching ［J］. Electronics, 2020, 9（1）: 198.

［8］ YAO X L, ZHAO J Y, ZHOU Z F. Multi-level pixel detection algorithm based on monocular visual-inertial system ［C］// Proceedings of 6th International Conference on Information Science, Computer Technology and Transportation. Beijing, China: AEIC, 2021: 1-5.

第5章 基于点线特征结合的前端处理算法

在低纹理环境、相机失焦或图像模糊的情况下，单一点特征提取方式不容易在图像中获取精度较高的特征点，从而出现特征点误匹配或无法匹配的情况，使得系统前端的特征跟踪环节出现问题。为能够在特征检测阶段提取到更为优质且精确的特征点，本章将线特征与亚像素级点特征结合[1]，构建多特征融合的特征提取方式。线特征相较于点特征能够更好地描述环境中的轮廓，在恶劣环境中能够获得精度更高的特征。

5.1 点线融合 VSLAM 的发展与研究现状

基于特征点的视觉 SLAM 系统在融合惯性信息后，系统整体的鲁棒性得到了提高。但是当其处于低纹理以及光照变化明显的环境中时，由于无法从环境中提取到足够的特征点用于跟踪定位，从而会导致系统整体精度较差[2]。但是这种场景中往往存在着比较丰富的线特征，在 SLAM 系统中增加线特征可以为其提供更多的信息，对 SLAM 系统的定位有很大帮助。

最早是由 1997 年 J. E. Neria 等人提出将线特征加入到 SLAM 系统中的[3]，他将线特征作为观测量，构建了一个基于 EKF 框架的单目点线融合系统。在早期的 SLAM 系统中，直线一般用两个空间点来表示，但是在不同图像帧中，同一条直线的端点不一定相同，所以这种表示方法并不准确。2005 年，P. Bartolia 提出了关于直线的 4 个自由度的正交表示法，可以防止直线过参数化，降低了线特征在优化中的计算量[4]。2012 年，S. Joan 等人对直线的参数化方法进行了总结[5]。2015 年，X. L. Xong 等人提出了一种利用紧耦合视觉惯性 SLAM 系统在动态和未知环境下估计车辆自身位姿的方法，其在前端使用点线特征组合来辅助导航，提高了位姿的估计精度[6]。

上述方法都是基于滤波的 SLAM 系统，接下来介绍基于优化的点线 SLAM 系统。2016 年，R. Gomez-Ojeda 等人在 SVO 的算法框架中增加线特征提出了 PL-SVO 系统[6]。相比于 SVO，该算法在低纹理环境下有着更好的鲁棒性。2017 年，A. Pumarola 等人提出了基于单目相机的 PL-SLAM 系统[7]，2019 年，R. Gomez-Ojeda 等人提出了基于双目相机的 PL-SLAM 系统[8]，两者都是基于

ORB-SLAM 的框架进行研究改进，他们都在前端加入了 LSD 线特征[9]，并且在后端使用关键帧优化，但是前者在回环线程中并没有使用线特征，后者在回环线程中同时使用了点线特征。2018 年，Y. J. He 等人在 VINS-Mono 系统中加入线特征提出了 PL-VIO 系统[10]，其前端使用 LSD+LBD[11] 的模式进行线特征的提取与匹配，后端使用参数化的线特征构建重投影误差。2020 年，Q. Fu 等人对 LSD 线特征检测算法进行改进，运行速度提高了至少 3 倍，然后将其加入到 VINS-Mono 框架中提出了 PL-VINS 算法[12]，有效地提高了系统的实时性。2021 年，B. Xu 等人将直线分为结构线与非结构线，并对其使用不同的参数化与初始化方法，进一步提高了 SLAM 系统的鲁棒性[13]。

5.2　特征线的提取

在图像帧中，对线特征进行提取，通过特征匹配获得帧间位姿。线特征相较于点特征，在环境中基本不会受到光照、视角和遮挡等外在条件的影响，常用的线特征提取方式有 LSD[14]、FLD[15]、EDLines[16] 和 LBD[17] 等几种。

5.2.1　LSD 线特征提取算法

LSD 线特征的提取精度能够达到亚像素级别，是精度较高的线特征提取方法[14]。LSD 算法主要是利用每个像素的梯度作为基础来进行处理，首先计算一幅图像各个点的梯度方向，然后将相邻像素点梯度方向近似相同的像素点合并成一个线段支持域。但 LSD 算法计算复杂度较高，实时性比较差。LSD 算法核心内容为将图像中梯度方向在一定范围内的像素合成为线段。LSD 特征提取算法的具体步骤如下。

（1）利用高斯核函数对图像进行滤波采样，设定尺度因子为 0.8。

（2）对图像中的每个像素进行梯度计算，计算出其梯度值和角度，其中梯度的大小和方向定义如下：

$$G(x,y) = \sqrt{g_x^2(x,y) + g_y^2(x,y)} \tag{5.1}$$

$$\theta = \arctan\left(\frac{g_x(x,y)}{-g_y(x,y)}\right) \tag{5.2}$$

（3）将梯度值按照 0~255 划分为 0~1023 个等级，认为梯度值越大，该点越可能成为直线。将相同梯度值的坐标放置在一个空间中，不对空间中坐标进行排序，因此称为伪排序。

（4）设置梯度阈值 ρ，将小于 ρ 的梯度值进行抑制，使其不能参与后续的线段构建过程。

（5）使用区域增长算法获得线段支持域 LSR。

① 设定方向阈值 $\varphi \in [-\tau, \tau]$，将梯度值大的坐标从空间中取出，作为种子像素 seed。

② 以 seed 作为标准，选取像素梯度方向在方向阈值 φ 内的像素，若像素符合条件，则将其从空间中取出，使像素不被重复判断并将区域角度更新为当前区域的主方向并寻找符合阈值的像素。每找到一个符合阈值的像素 j，将该区域角度更新为

$$\theta = \arctan\left(\frac{\sum_j \sin(\text{level} - \text{line} - \text{angel}_j)}{\sum_j \cos(\text{level} - \text{line} - \text{angel}_j)}\right) \tag{5.3}$$

③ 将区域中的所有像素进行判断，获得线段支持域，如图 5-1 所示。

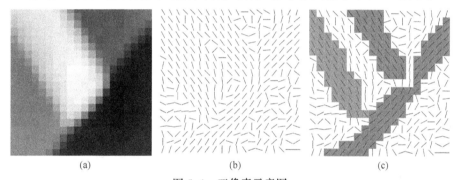

图 5-1   亚像素示意图

（a）图片；（b）梯度场；（c）线段支持域。

图 5-1   亚像素示意图

（6）将矩形框架线段支持域中的零散点进行拟合，获得该支持域的最小外接矩形，并计算出矩形的质心和主方向。矩形的质心计算公式如下：

$$\begin{cases} c_x = \dfrac{\sum_{j \in \text{Region}} G(j) \times x(j)}{\sum_{j \in \text{Region}} G(j)} \\[4mm] c_y = \dfrac{\sum_{j \in \text{Region}} G(j) \times y(j)}{\sum_{j \in \text{Region}} G(j)} \end{cases} \tag{5.4}$$

矩形主方向是矩阵 M 最小特征值对应特征向量的角度，其计算公式如下：

$$M = \begin{pmatrix} m^{xx} & m^{xy} \\ m^{xy} & m^{yy} \end{pmatrix} \tag{5.5}$$

$$\begin{cases} m^{xx} = \dfrac{\sum\limits_{j \in \text{Region}} G(j) \times (x(j) - c_x)^2}{\sum\limits_{j \in \text{Region}} G(j)} \\[2em] m^{xy} = \dfrac{\sum\limits_{j \in \text{Region}} G(j) \times (x(j) - c_x)(y(j) - c_y)}{\sum\limits_{j \in \text{Region}} G(j)} \\[2em] m^{yy} = \dfrac{\sum\limits_{j \in \text{Region}} G(j) \times (y(j) - c_y)^2}{\sum\limits_{j \in \text{Region}} G(j)} \end{cases}$$

（7）对求得的最小外接矩形进行修正，计算 NFA 值判断矩形内部的梯度一致性。当 NFA 值越接近 0，矩形内像素的一致性越好，提取的线特征越准确。设定 NFA 的阈值，若超过阈值，调整矩形的宽度和长度，直至满足范围，选择矩形中线作为提取的线特征。NFA 的计算过程如下：

$$\text{NFA}(r) = (NM)^{\frac{5}{2}} \gamma \cdot B(n,k,p) \tag{5.6}$$

式中：p 的初始值设为 $\dfrac{\tau}{\pi}$；γ 设定为 11；N 和 M 为经高斯采样后图像的行和列；n 为矩形中的像素总数；$B(n,k,p)$ 满足二项分布，其计算公式如下：

$$B(n,k,p) = \sum_{j=k}^{n} \begin{bmatrix} n \\ j \end{bmatrix} p^j (1-p)^{n-j} \tag{5.7}$$

LSD 根据像素梯度将近似像素进行合并、筛选，从而获得精度与亚像素相当的线特征。与此同时，LSD 算法由于在整幅图像中计算线支持域和最小外接矩形，耗费了大量的时间，使得采用 LSD 的视觉惯性系统运行速率较低。

5.2.2　LBD 线特征提取算法

特征匹配一般通过图像提取特征区域的相似性完成。特征匹配可分为 3 种方案：一是利用特征点中的描述子进行匹配，即基于特征匹配；二是利用光流法或直接法进行特征跟踪，即基于灰度匹配；三是利用语义网络进行图像跟踪，即基于关系匹配。语义网络需要大量时间对网络进行训练，在图像领域没有较大突破。光流法在图像中提取特征点，通过计算关键点的信息进行匹配；直接法通过检测像素块的亮度信息进行特征匹配，二者都是基于灰度不变假设来进行特征跟踪的，但线特征在相邻两帧图像由于光照、遮挡和角度等因素的影响，线段两个端点随之变化，因此，光流法和直接法不适合对线特征进行跟踪，选择描述子匹配的方式对线特征进行计算。描述子由关键点计算得出，是一个方向向量，描述了关键点周围的像素点信息。基于点特征的描述子理论，设计出多种线特征描述子。其中 LBD 描述子对于线特征在载体旋转和光照变化条件下效果较好[17]。

LBD 描述子将线段支持域横向分为 Band1、Band2、Band3 等 m 组条带，每个条带的宽度设为 ω，如图 5-2 所示。选择 d_L、$d_\perp$ 两个正交方向描述线段，其中 d_L 与条带方向平行，$d_\perp$ 为 d_L 的顺时针垂直方向。将线段中点作为坐标系原点，以 d_L、$d_\perp$ 作为 x、y 轴，因此，线段支持域的像素梯度在该坐标系下表示为

$$\boldsymbol{g}' = (\boldsymbol{g}^{\mathrm{T}} \cdot d_\perp, \boldsymbol{g}^{\mathrm{T}} \cdot d_L)^{\mathrm{T}} = (g'_{d_\perp}, g'_{d_L}) \tag{5.8}$$

式中：$\boldsymbol{g}$ 为图像坐标系下的像素梯度；$\boldsymbol{g}'$ 为局部坐标系下的图像梯度。

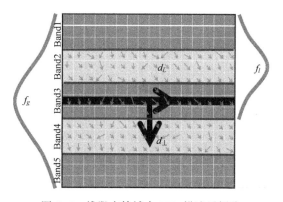

图 5-2　线段支持域中 LBD 描述子划分

将条带区域划分完毕后，对每一个条带加入全局高斯函数进行数据处理，以避免距中心线段较远的条带有较大梯度，再利用局部高斯函数对第 j 行条带 B_j 的相邻条带进行处理，减少条带间的边界效应，避免描述符突变的现象出现。全局高斯函数 f_g 公式如下：

$$\begin{cases} f_g(i) = \dfrac{1}{\sqrt{2\pi}\,\sigma_g} \mathrm{e}^{\frac{-d_i^2}{2\sigma_g^2}} \\ \sigma_g = 0.5 \times (m \cdot w - 1) \end{cases} \tag{5.9}$$

式中：d_i 为第 i 行到中心行之间的距离。

局部高斯函数 f_l 公式如下：

$$\begin{cases} f_l(k) = \dfrac{1}{\sqrt{2\pi}\,\sigma_l} \mathrm{e}^{\frac{-d_k^2}{2\sigma_l^2}} \\ \sigma_l = w \end{cases} \tag{5.10}$$

式中：d_k 为第 k 行到 B_j 条带中心行之间的距离。

将 B_j 与其相邻的两个条带 B_{j-1}、B_{j+1} 构成一个单元条带描述符 BD_j，将每个条带的描述子整合称为整个线段支持域的描述子 LBD，即

$$\mathrm{LBD} = (\mathrm{BD}_1^\mathrm{T}, \mathrm{BD}_2^\mathrm{T}, \cdots, \mathrm{BD}_m^\mathrm{T})^\mathrm{T} \tag{5.11}$$

每个单元条带描述符 BD_j 是将包含 3 个条带值的局部梯度值进行求和。当条带是第 k 行时，在局部坐标系 4 个方向的像素梯度可表示为

$$\begin{cases} v1_j^k = \lambda \displaystyle\sum_{g'_{d_\perp} > 0} g'_{d_\perp},\ v2_j^k = \lambda \displaystyle\sum_{g'_{d_\perp} < 0} -g'_{d_\perp} \\ v3_j^k = \lambda \displaystyle\sum_{g'_{d_L} > 0} g'_{d_L},\ v2_j^k = \lambda \displaystyle\sum_{g'_{d_L} < 0} -g'_{d_L} \end{cases} \tag{5.12}$$

式中：$\lambda = f_g(k)f_l(k)$ 为高斯系数。

因此，单元条带描述符 BD_j 对应的特征描述矩阵 BDM_j 表示为

$$\mathrm{BDM}_j = \begin{pmatrix} v1_j^1 & v1_j^2 & \cdots & v1_j^n \\ v2_j^1 & v2_j^2 & \cdots & v2_j^n \\ v3_j^1 & v3_j^2 & \cdots & v3_j^n \\ v4_j^1 & v4_j^2 & \cdots & v4_j^n \end{pmatrix} \in \mathfrak{R}^{4 \times n} \tag{5.13}$$

式中：n 为线段支持域的行数，当 n 为边缘行数时，每个单元条带描述符 BD_j 只含有两个条带，因此，可表示为

$$n = \begin{cases} 2w, & j = 1, 2, \cdots, m \\ 3w, & \text{其他} \end{cases}$$

将特征描述矩阵 BDM_j 的平均向量 $\boldsymbol{M}_j$ 和标准方差向量 $\boldsymbol{S}_j$ 构成 BD_j：$BD_j = (\boldsymbol{M}_j^\mathrm{T}, \boldsymbol{S}_j^\mathrm{T})^\mathrm{T} \in \mathfrak{R}^8$。由此，线段支持域的描述子 LBD 为

$$\mathrm{LBD} = (\boldsymbol{M}_1^\mathrm{T}, \boldsymbol{S}_1^\mathrm{T}, \boldsymbol{M}_2^\mathrm{T}, \boldsymbol{S}_2^\mathrm{T}, \cdots, \boldsymbol{M}_m^\mathrm{T}, \boldsymbol{S}_m^\mathrm{T})^\mathrm{T} \in \mathfrak{R}^{8 \times m} \tag{5.14}$$

根据 LBD 论文，当 $m = 9$ 和 $w = 7$ 时能达到较好的计算效果，匹配的准确率较高。

5.2.3　EDLines 线特征提取算法

EDLines 线特征检测算法首先提取图像边缘，然后通过最小二乘法来拟合线段，最后使用非最大值抑制的方法剔除拟合较差的线段，只留下拟合较好的

线段。EDLines 线段检测算法具体为以下 5 个步骤。

（1）平滑处理。使用高斯滤波对相机输入图像进行处理，抑制噪声并输出图像。

（2）计算梯度大小和方向，即

$$g_x(x,y) = \frac{L(x+1,y) - L(x,y) + L(x+1,y-1) - L(x,y+1)}{2} \tag{5.15}$$

$$g_y(x,y) = \frac{L(x,y+1) - L(x,y) + L(x+1,y+1) - L(x+1,y)}{2} \tag{5.16}$$

$$g(x,y) = \sqrt{[g_x(x,y)]^2 + [g_y(x,y)]^2} \tag{5.17}$$

$$\theta(x,y) = \arctan \frac{g_x(x,y)}{-g_y(x,y)} \tag{5.18}$$

（3）选取锚点。选取图像中梯度算子产生最大值的像素点作为锚点，这是一个有很大概率在边缘上的点。

（4）绘制边缘。连接上一步计算的锚点，绘制它们之间的边。从一个锚点，利用相邻像素的梯度幅值和方向，走到下一个锚点。

（5）最小二乘拟合直线。这个步骤的目标是将边缘像素链划分为一条或多条直线段。其主要方法是使用最小二乘线拟合法将边缘中的像素拟合成直线，当误差大于设定阈值时便停止，开始拟合下一条直线。最终，该算法将边缘上的像素全部拟合为直线段。

（6）非最大值抑制。筛选线段，剔除拟合较差的线段。引入 NFA 的概念进行筛选。假设一张图像的尺寸为 $N \times N$，A 为图像中的线段，n 为 A 的长度，k 为 A 上与 A 方向一致的点的数目，则 NFA 可以表示为

$$\mathrm{NFA}(n,k) = N^4 \cdot \sum_{i=k}^{n} \binom{n}{i} p^i (1-p)^{n-i} \tag{5.19}$$

式中：N^4 为图像中可能存在的线段数量的最大值，因为图像有 $N \times N$ 个像素点，而两个点确定一条线段，共 N^2 个点，因此，一共可能有 N^4 条线段；NFA 代表一张图像的误检线段数量，EDLines 算法中设定为 $\mathrm{NFA}(n,k) \leqslant \varepsilon$，$\varepsilon$ 一般取 1。

5.3　点线特征误差模型构建

当通过前端计算粗略地得到点线特征的 2D 和 3D 坐标时，就可以使用点线特征在连续两帧图像之间的匹配关系对前端估计出的相机位姿进行优化。将点线特征从前一帧图像投影到当前帧图像后，便可以建立相应的重投影误差模

型，通过最小化重投影误差对相机位姿进行迭代优化。

5.3.1　点特征重投影误差模型

点特征的重投影误差是指空间中 3D 点坐标通过投影矩阵投影到归一化平面后，与观测到的点的 2D 坐标之间的误差。如图 5-3 所示，像素点 p_1、p_2 分别为空间点 P 在两帧图像上的观测点，p'_2 为 3D 点的投影点，从图中可以看出，两个像素点并不重合，两点之间的距离就是重投影误差。

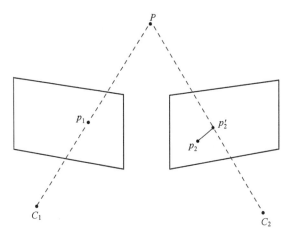

图 5-3　点特征的重投影误差

非线性优化的过程就是通过不断地调整相机位姿，使两点之间的距离最小。使用李代数表示 3D 点和其投影之间的关系，即

$$s_i \begin{pmatrix} u_i \\ v_i \\ 1 \end{pmatrix} = \boldsymbol{K} \exp(\boldsymbol{\xi}^{\wedge}) \begin{pmatrix} X_i \\ Y_i \\ Z_i \\ 1 \end{pmatrix} \tag{5.20}$$

式中：$\boldsymbol{\xi}$ 为表示当前相机位姿的 6 维李代数向量；$\boldsymbol{K}$ 为相机内参矩阵，用矩阵可以表示为

$$s_i \boldsymbol{u}_i = \boldsymbol{K} \exp(\boldsymbol{\xi}^{\wedge}) P_i \tag{5.21}$$

则该点的重投影误差可以表示为

$$\boldsymbol{r}_p^i = \boldsymbol{u}_i - \frac{1}{s_i} \boldsymbol{K} \exp(\boldsymbol{\xi}^{\wedge}) P_i \tag{5.22}$$

由此可以构建最小二乘问题，最小化投影点与观测点之间的距离为

$$\boldsymbol{\xi}^* = \underset{\zeta}{\mathrm{argmin}} \frac{1}{2} \sum_{i=1}^{n} \| \boldsymbol{r}_p^i \|_2^2 \tag{5.23}$$

使用非线性优化的方法解决最小二乘问题，需要计算重投影误差函数对于相机位姿和空间点的一阶偏导数，即雅可比矩阵。首先推导重投影误差函数对相机位姿的雅可比矩阵，即 $\dfrac{\partial \boldsymbol{r}_p^i}{\partial \delta \boldsymbol{\xi}}$，其中位姿的扰动量使用李代数的左扰动模型，通过链式法则可以推导得

$$\frac{\partial \boldsymbol{r}_p^i}{\partial \delta \boldsymbol{\xi}} = \frac{\partial \boldsymbol{r}_p^i}{\partial \boldsymbol{P}_c} \frac{\partial \boldsymbol{P}_c}{\partial \delta \boldsymbol{\xi}} \tag{5.24}$$

式中：第一项为重投影误差对投影点的偏导数；第二项为投影点对李代数的偏导数。根据相关的数学知识可以推出这两项分别为

$$\frac{\partial \boldsymbol{r}_p^i}{\partial \boldsymbol{P}_c} = - \begin{pmatrix} \dfrac{\partial u}{\partial X'} & \dfrac{\partial u}{\partial Y'} & \dfrac{\partial u}{\partial Z'} \\ \dfrac{\partial v}{\partial X'} & \dfrac{\partial v}{\partial Y'} & \dfrac{\partial v}{\partial Z'} \end{pmatrix} = - \begin{pmatrix} \dfrac{f_x}{Z'} & 0 & -\dfrac{f_x X'}{Z'^2} \\ 0 & \dfrac{f_y}{Z'} & -\dfrac{f_y Y'}{Z'^2} \end{pmatrix} \tag{5.25}$$

$$\frac{\partial \boldsymbol{P}_c}{\partial \delta \boldsymbol{\xi}} = \begin{bmatrix} \boldsymbol{I}_{3\times3}, & -\boldsymbol{P}_c^{\wedge} \end{bmatrix} \tag{5.26}$$

将上述两式相乘便可推导出重投影误差相对于相机位姿扰动的雅可比矩阵为

$$\frac{\partial \boldsymbol{r}_p^i}{\partial \delta \boldsymbol{\xi}} = - \begin{pmatrix} \dfrac{f_x}{Z'} & 0 & -\dfrac{f_x X'}{Z'^2} & -\dfrac{f_x X'Y'}{Z'^2} & f_x + \dfrac{f_x X'^2}{Z'^2} & -\dfrac{f_x Y'}{Z'} \\ 0 & \dfrac{f_y}{Z'} & -\dfrac{f_y Y'}{Z'^2} & -f_y - \dfrac{f_y Y'^2}{Z'^2} & \dfrac{f_y X'Y'}{Z'^2} & \dfrac{f_y X'}{Z'} \end{pmatrix} \tag{5.27}$$

以上就是点特征重投影误差对于相机位姿的雅可比矩阵，在后端优化时，除了要优化相机位姿，同时，空间点的坐标也需要优化。同理，也需要推导重投影误差 $\boldsymbol{r}_p^i$ 相对于空间点的雅可比矩阵，通过链式法则可以推导为

$$\frac{\partial \boldsymbol{r}_p^i}{\partial \boldsymbol{P}} = \frac{\partial \boldsymbol{r}_p^i}{\partial \boldsymbol{P}_c} \frac{\partial \boldsymbol{P}_c}{\partial \boldsymbol{P}} \tag{5.28}$$

式（5.28）中的第一项已经在式（5.25）中详细推导，其中第二项的推导可由空间点转换到相机坐标系下的表达式推出，空间点在相机坐标系下可表达为

$$\boldsymbol{P}_c = \exp(\boldsymbol{\xi}^{\wedge}) \boldsymbol{P} = \boldsymbol{R}\boldsymbol{P} + \boldsymbol{t} \tag{5.29}$$

从式（5.29）可知，投影点对空间点求偏导过后便只剩下旋转矩阵。由

此可知，点特征重投影误差对于空间点的雅可比矩阵可以推导为

$$
\frac{\partial \boldsymbol{r}_p^i}{\partial \boldsymbol{P}} = -\begin{pmatrix} \dfrac{f_x}{Z'} & 0 & -\dfrac{f_x X'}{Z'^2} \\ 0 & \dfrac{f_y}{Z'} & -\dfrac{f_y Y'}{Z'^2} \end{pmatrix} \boldsymbol{R} \tag{5.30}
$$

5.3.2　线特征重投影误差模型

一条空间直线投影到不同图像帧上时，其长度有可能并不相同，所以线特征的重投影误差不能表示为线段长度之差，即线特征的重投影误差无法通过2D-2D 的方法进行表示。但是空间中线特征的重投影误差可以通过 3D-2D 的方式进行比较，将 3D 空间中的直线投影到 2D 平面上，再对其进行比较[18]。

对于线特征的重投影误差模型，与点特征的重投影误差模型相似，如图 5-4 所示。空间中 3D 直线 L_c 图像帧中的投影值为 L_1，其观测值为 L_2，两条线段应为同一条线段，但是两者并不重合。传统的线特征重投影误差模型表示为投影线段端点到观测线段的距离，但是线特征的端点在不同图像帧中有可能会由于光照、角度以及物体遮挡的原因而发生变化，从而导致重投影误差模型出现问题。同时，投影线段与观测线段理论上应该是重合的，两条线段之间的夹角应接近于零，而且在相机运动工程中线段的斜率是基本保持不变的，所以本文将两条线段特征斜率之差作为角度误差增加到传统的线特征重投影误差模型中，完善线特征的重投影误差。接下来，本节将详细介绍线特征重投影误差模型以及相应雅可比矩阵的推导。

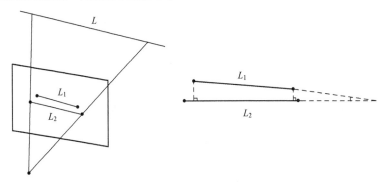

图 5-4　线特征的重投影误差

首先建立传统线特征重投影误差模型，如图 5-4 所示。空间直线 L_c 投影到像素平面上得到线段 L_2，图像帧中直线的观测值为 L_1，p_s、p_e 为线段 L_1 的两个端点，其与投影直线的距离便为重投影误差，具体表达如下：

$$r_{l_1} = \left[\frac{p_s^{\mathrm{T}} L_2}{\sqrt{l_1^2 + l_2^2}}, \frac{p_e^{\mathrm{T}} L_2}{\sqrt{l_1^2 + l_2^2}}\right]^{\mathrm{T}} \tag{5.31}$$

其中

$$L_2 = (l_1, l_2, l_3)^{\mathrm{T}}, \quad p_s = (u_1, v_1, 1)^{\mathrm{T}}, \quad p_e = (u_2, v_2, 1)^{\mathrm{T}}$$

与特征点相似，线特征的重投影误差相对于相机位姿以及线特征的雅可比矩阵的计算同样十分重要，接下来便对此进行推导。通过链式法则可得

$$\frac{\partial r_{l_1}}{\partial \delta \xi} = \frac{\partial r_{l_1}}{\partial L_2} \frac{\partial L_2}{\partial L_c} \frac{\partial L_c}{\partial \delta \xi} \tag{5.32}$$

将 L_2 以及 p_s、p_e 的值代入式（5.31）中可得

$$r_{l_1} = \left[\frac{u_1 l_1 + v_1 l_2 + l_3}{\sqrt{l_1^2 + l_2^2}}, \frac{u_2 l_1 + v_2 l_2 + l_3}{\sqrt{l_1^2 + l_2^2}}\right]^{\mathrm{T}} \tag{5.33}$$

则式（5.32）中的第一项可以表达为

$$\frac{\partial r_{l_1}}{\partial L_2} = \begin{bmatrix} \frac{u_1 l_2^2 - l_1 l_2 v_1 - l_1 l_3}{(l_1^2 + l_2^2)^{3/2}} & \frac{v_1 l_1^2 - l_1 l_2 u_1 - l_2 l_3}{(l_1^2 + l_2^2)^{3/2}} & \frac{1}{\sqrt{l_1^2 + l_2^2}} \\ \frac{u_2 l_2^2 - l_1 l_2 v_2 - l_1 l_3}{(l_1^2 + l_2^2)^{3/2}} & \frac{v_2 l_1^2 - l_1 l_2 u_2 - l_2 l_3}{(l_1^2 + l_2^2)^{3/2}} & \frac{1}{\sqrt{l_1^2 + l_2^2}} \end{bmatrix} = \frac{1}{l_n} \begin{bmatrix} u_1 - \frac{l_1 e_1}{l_n^2} & v_1 - \frac{l_2 e_1}{l_n^2} & 1 \\ u_2 - \frac{l_1 e_2}{l_n^2} & v_2 - \frac{l_2 e_1}{l_n^2} & 1 \end{bmatrix} \tag{5.34}$$

其中

$$e_1 = p_s^{\mathrm{T}} L_2, \quad e_2 = p_e^{\mathrm{T}} L_2, \quad l_n = \sqrt{l_1^2 + l_2^2}$$

由 $L_2 = K n_c$，其中 n_c 为空间直线 L_c 普吕克坐标系中的法向量，可得

$$\frac{\partial L_2}{\partial L_c} = \begin{pmatrix} f_y & 0 & 0 & 0 & 0 & 0 \\ 0 & f_x & 0 & 0 & 0 & 0 \\ -f_y c_x & -f_x c_y & f_x f_y & 0 & 0 & 0 \end{pmatrix} \tag{5.35}$$

式（5.32）中的第三项 $\frac{\partial L_c}{\partial \delta \xi}$ 的求解可以分别计算空间直线 L 的普吕克坐标对旋转 δ_ϕ 和平移 δ_ρ 的一阶偏导数。

首先，将空间直线的普吕克坐标转化到相机坐标系下，假设空间直线的普吕克坐标可以表示为 $L_w = (n_w, v_w)^{\mathrm{T}}$，由线特征坐标转换可得

$$L_c = T_{cw} L_w = \begin{pmatrix} R_{cw} n_w + (\delta_\rho + t_{cw})^\wedge R_{cw} v_w \\ R_{cw} v_w \end{pmatrix} \tag{5.36}$$

相机位姿的李代数可表示为 $\delta_\xi = \begin{pmatrix} \delta_\phi \\ \delta_\rho \end{pmatrix}$，令 $\delta_\phi = 0$，则有 $\delta_\xi = \begin{pmatrix} 0 \\ \delta_\rho \end{pmatrix}$，由此可

得空间直线对 $\boldsymbol{\delta}_\rho$ 的一阶偏导数为

$$\frac{\partial \boldsymbol{L}_c}{\partial \boldsymbol{\delta}_\rho} = \begin{pmatrix} \dfrac{(\boldsymbol{\delta}_\rho + \boldsymbol{t}_{cw})^\wedge \boldsymbol{R}_{cw} \boldsymbol{v}_w}{\partial \boldsymbol{\delta}_\rho} \\ \boldsymbol{0} \end{pmatrix} = \begin{pmatrix} -\dfrac{(\boldsymbol{\delta}_\rho + \boldsymbol{t}_{cs})^\wedge \boldsymbol{\delta}_\rho}{\partial \boldsymbol{\delta}_\rho} \\ \boldsymbol{0} \end{pmatrix} = \begin{pmatrix} -(\boldsymbol{R}_{cw} \boldsymbol{v}_w)^\wedge \\ \boldsymbol{0} \end{pmatrix} \quad (5.37)$$

同理，令 $\boldsymbol{\delta}_\rho = 0$，则有 $\boldsymbol{\delta}_\xi = \begin{pmatrix} \boldsymbol{\delta}_\phi \\ \boldsymbol{0} \end{pmatrix}$，由此可得空间直线对 $\boldsymbol{\delta}_\phi$ 的一阶偏导数为

$$\frac{\partial \boldsymbol{L}_c}{\partial \boldsymbol{\delta}_\phi} = \begin{pmatrix} \dfrac{\partial \boldsymbol{\delta}_\phi^\wedge \boldsymbol{R} \boldsymbol{n}}{\partial \boldsymbol{\delta}_\phi} + \dfrac{\partial \boldsymbol{\delta}_\phi^\wedge \boldsymbol{t}^\wedge \boldsymbol{R} \boldsymbol{v}}{\partial \boldsymbol{\delta}_\phi} \\ \dfrac{\partial \boldsymbol{\delta}_\phi^\wedge \boldsymbol{R} \boldsymbol{v}}{\partial \boldsymbol{\delta}_\phi} \end{pmatrix} = \begin{pmatrix} -\dfrac{(\boldsymbol{R} \boldsymbol{n})^\wedge \boldsymbol{\delta}_\phi}{\partial \boldsymbol{\delta}_\phi} - \dfrac{\partial (\boldsymbol{t}^\wedge \boldsymbol{R} \boldsymbol{v})^\wedge \boldsymbol{\delta}_\phi}{\partial \boldsymbol{\delta}_\phi} \\ -\dfrac{(\boldsymbol{R} \boldsymbol{v})^\wedge \boldsymbol{\delta}_\phi}{\partial \boldsymbol{\delta}_\phi} \end{pmatrix} = \begin{pmatrix} -(\boldsymbol{R} \boldsymbol{n})^\wedge - (\boldsymbol{t}^\wedge \boldsymbol{R} \boldsymbol{v})^\wedge \\ -(\boldsymbol{R} \boldsymbol{v})^\wedge \end{pmatrix}$$

$$(5.38)$$

由此计算出式（5.32）中的第三项 $\dfrac{\partial \boldsymbol{L}_c}{\partial \boldsymbol{\delta} \boldsymbol{\xi}}$ 为

$$\frac{\partial \boldsymbol{L}_c}{\partial \boldsymbol{\delta} \boldsymbol{\xi}} = = \begin{pmatrix} -(\boldsymbol{R}_{cw} \boldsymbol{n}_w)^\wedge - (\boldsymbol{t}_{cw}^\wedge \boldsymbol{R}_{cw} \boldsymbol{v}_w)^\wedge & -(\boldsymbol{R}_{cw} \boldsymbol{v}_w)^\wedge \\ -(\boldsymbol{R}_{cw} \boldsymbol{v}_w)^\wedge & \boldsymbol{0} \end{pmatrix} \quad (5.39)$$

以上便为线特征重投影误差相对于相机位姿的雅可比矩阵，接下来推导线特征重投影误差相对于线特征的雅可比矩阵。同样，通过链式法则可得

$$\frac{\partial \boldsymbol{r}_{l_1}}{\partial \boldsymbol{\delta} \boldsymbol{O}} = \frac{\partial \boldsymbol{r}_{l_1}}{\partial \boldsymbol{L}_2} \frac{\partial \boldsymbol{L}_2}{\partial \boldsymbol{L}_c} \frac{\partial \boldsymbol{L}_c}{\partial \boldsymbol{L}_w} \frac{\partial \boldsymbol{L}_w}{\partial \boldsymbol{\delta} \boldsymbol{O}} \quad (5.40)$$

式（5.40）中的第一项 $\dfrac{\partial \boldsymbol{r}_{l_1}}{\partial \boldsymbol{L}_2}$ 与第二项 $\dfrac{\partial \boldsymbol{L}_2}{\partial \boldsymbol{L}_c}$ 在上文中已经推导得出，剩下两项将由下文给出。假设空间直线 $\boldsymbol{L}_w$ 的正交化坐标为

$$\boldsymbol{U} = \begin{pmatrix} u_{11} & u_{12} & u_{13} \\ u_{21} & u_{22} & u_{23} \\ u_{31} & u_{32} & u_{33} \end{pmatrix} \quad (5.41)$$

$$\boldsymbol{W} = \begin{pmatrix} w_1 & -w_2 \\ w_2 & w_1 \end{pmatrix} \quad (5.42)$$

由直线转换关系 $\boldsymbol{L}_c = \boldsymbol{T}_{cw} \boldsymbol{L}_w$ 可得

$$\frac{\partial \boldsymbol{L}_c}{\partial \boldsymbol{L}_w} = \frac{\partial \boldsymbol{T}_{cw} \boldsymbol{L}_w}{\partial \boldsymbol{L}_w} = \boldsymbol{T}_{cw} \quad (5.43)$$

$$\frac{\partial \boldsymbol{L}_w}{\partial \boldsymbol{\delta} \boldsymbol{O}} = \begin{bmatrix} -(w_1 u_1)^\wedge & -w_2 u_1 \\ -(w_2 u_2)^\wedge & -w_1 u_2 \end{bmatrix} \quad (5.44)$$

式中：u_1、u_2 分别为矩阵 U 的第一列和第二列。

以上便为传统线特征重投影误差模型，本书在此基础上增加角度误差。空间直线 L_c 在图像平面上的投影线段 L_2 与图像中的观测值线段 L_1 之间本应重合不存在夹角，但是由于误差的存在导致两者之间存在夹角。假设两条线段的斜率分别为 k_1、k_2，本书以两条线段的斜率之差作为误差模型，具体如下：

$$r_{l_2} = k_2 - k_1 \tag{5.45}$$

又因为 $\boldsymbol{L}_2 = (l_1, l_2, l_3)^{\mathrm{T}}$，$\boldsymbol{L}_1$ 的两个端点分别为 $\boldsymbol{p}_s = (u_1, v_1, 1)^{\mathrm{T}}$ 与 $\boldsymbol{p}_e = (u_2, v_2, 1)^{\mathrm{T}}$，则式（5.45）可以表达为

$$r_{l_2} = \frac{v_2 - v_1}{u_2 - u_1} - \left(-\frac{l_1}{l_2} \right) = \frac{v_2 - v_1}{u_2 - u_1} + \frac{l_1}{l_2} \tag{5.46}$$

同理可求解该误差项相对于相机位姿以及线特征的雅可比矩阵。首先推导其相对于相机位姿的雅可比矩阵，通过链式法则可得

$$\frac{\partial \boldsymbol{r}_{l_2}}{\partial \delta \boldsymbol{\xi}} = \frac{\partial \boldsymbol{r}_{l_2}}{\partial \boldsymbol{L}_2} \frac{\partial \boldsymbol{L}_2}{\partial \boldsymbol{L}_c} \frac{\partial \boldsymbol{L}_c}{\partial \delta \boldsymbol{\xi}} \tag{5.47}$$

根据式（5.34）的表达，可以推导得式（5.47）中第一项 $\dfrac{\partial \boldsymbol{r}_{l_2}}{\partial \boldsymbol{L}_2}$ 为

$$\frac{\partial \boldsymbol{r}_{l_2}}{\partial \boldsymbol{L}_2} = \begin{bmatrix} \dfrac{1}{l_2} & -\dfrac{l_1}{l_2^2} & 0 \end{bmatrix}^{\mathrm{T}} \tag{5.48}$$

式（5.47）中的剩余几项已在上文推出，这里不再进行推导。接下来推导角度误差对于线特征的雅可比矩阵。同样，通过链式法则可得

$$\frac{\partial \boldsymbol{r}_{l_2}}{\partial \delta \boldsymbol{\mathcal{O}}} = \frac{\partial \boldsymbol{r}_{l_2}}{\partial \boldsymbol{L}_2} \frac{\partial \boldsymbol{L}_2}{\partial \boldsymbol{L}_c} \frac{\partial \boldsymbol{L}_c}{\partial \boldsymbol{L}_w} \frac{\partial \boldsymbol{L}_w}{\partial \delta \boldsymbol{\mathcal{O}}} \tag{5.49}$$

式（5.49）中第一项已在式（5.48）中推出，剩余几项也在上文中推导得出。

综上所述，本书在传统的线特征重投误差中引入角度误差，最终可以将线特征的重投误差表示如下：

$$\boldsymbol{r}_l = \begin{bmatrix} \boldsymbol{r}_{l_1} & \boldsymbol{r}_{l_2} \end{bmatrix}^{\mathrm{T}} = \begin{bmatrix} \dfrac{u_1 l_1 + v_1 l_2 + l_3}{\sqrt{l_1^2 + l_2^2}} & \dfrac{u_2 l_1 + v_2 l_2 + l_3}{\sqrt{l_1^2 + l_2^2}} & \dfrac{v_2 - v_1}{u_2 - u_1} + \dfrac{l_1}{l_2} \end{bmatrix}^{\mathrm{T}} \tag{5.50}$$

其对应的雅可比矩阵也在上文中推出。

5.4　亚像素级点线特征融合的定位算法

5.4.1　算法流程框架

为保证线特征精度与点特征的亚像素精度保持一致性，提出 SPL-VIO（Subpixel-Point Line Visual Inertial Odometry）算法，采用 LSD 进行线特征提取。单目相机将图像输出，使用点线特征双线程运行的特征提取、匹配。一个线程中，LSD 提取图像中的线特征，LBD 描述子将提取的线特征进行匹配；另一个线程中经过 FAST、Harris 和亚像素点特征提取后，利用光流法对特征进行跟踪匹配。点线特征同时运行，实现视觉前端的跟踪定位。算法的流程图如图 5-5 所示。

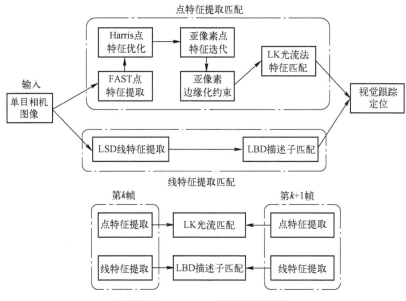

图 5-5　SPL-VIO 算法流程图

当单目相机输入到新的图像时，首先对新一帧的图像进行点线特征提取，接着将新一帧的图像与上一帧中的点线特征进行匹配，建立连续两帧之间的约束关系，计算得到二者的位姿信息。跟踪定位系统通过点线结合的双线程特征提取匹配模式使得系统的运行速度提高，匹配精度和鲁棒性随之提高。

5.4.2　实验与分析

1. 线特征检测性能实验分析

为体现增加线特征算法的必要性，对 FAST 和 LSD 线特征检测算法进行预处理工作，选取 EuRoC 公共数据集中的图片进行实验，测试环境为目标物较多的工厂和特征数目较少的室内低纹理环境。图 5-6 中，左图为 FAST 特征检测算法，右图为 LSD 线特征检测算法。根据图 5-6（a）中两幅图片对比，LSD 线特征能基本提取出图像中工厂设施的轮廓，相较于点特征在梯度变化较大区域角点堆积的情况，线特征分布较为均匀。在纹理较少的图 5-6（b）中，线特征相较于点特征，依然能够获得精度较高的线段。因此，当图片中存在特征轮廓时，线特征相较于点特征能更好地描述目标物，有利于提高算法前端的特征精度。

(a)

(b)

图 5-6　FAST 与 LSD 线特征检测比较

（a）工厂环境；（b）低纹理环境。

图 5-6　FAST 与 LSD 线特征检测比较

2. 定位精度实验分析

为保证实验结果的可靠性，本章的实验环境和硬件系统与第 4 章相同，采用绝对轨迹（APE）将本章算法与数据集的真实路径进行对比，生成轨迹绝对误差图如图 5-7 所示，可较为直观地描述轨迹的偏离程度。

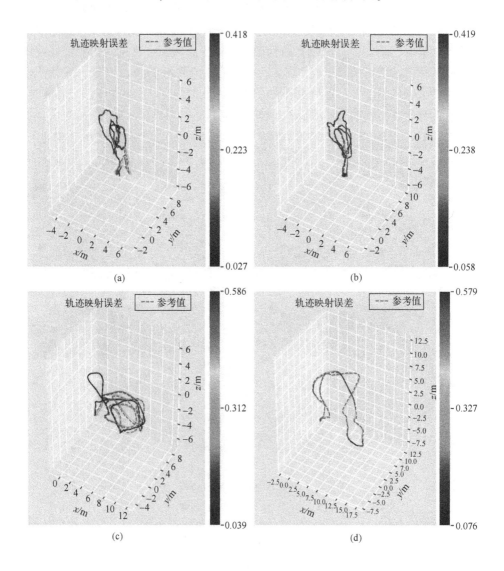

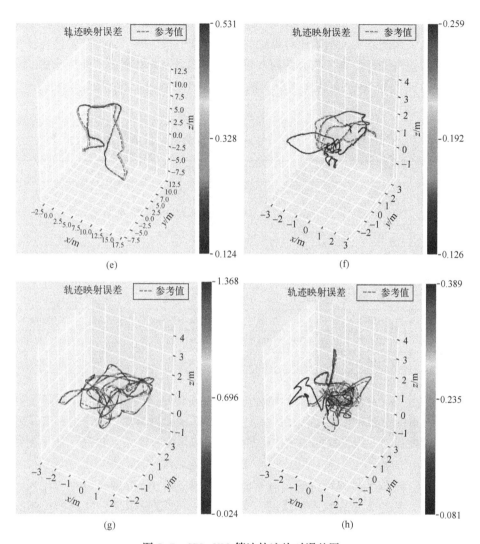

图 5-7　SPL-VIO 算法轨迹绝对误差图

（a）MH_01 轨迹图；（b）MH_02 轨迹图；（c）MH_03 轨迹图；（d）MH_04 轨迹图；

（e）MH_05 轨迹图；（f）V1_01 轨迹图；（g）V1_02 轨迹图；（h）V1_03 轨迹图。

图 5-7　SPL-VIO 算法轨迹绝对误差图

由轨迹图 5-7 可以看出，本章算法的轨迹与数据集中的真实轨迹有很高的吻合度。为能够更为精确地对算法的定位精度进行评测，对算法轨迹与真实轨迹的误差值进行计算，获得其均方根误差、和方差与标准差，而对算法的定位精度做出定量比较。首先将本章算法结果与 VINS-mono 进行比较，如表 5-1 所列。

表 5-1 SPL-VIO 算法与 VINS-mono 在 EuRoC 数据集的实验结果比较

EuRoC 序列	SPL-VIO			VINS-mono		
	RMSE	SSE	STD	RMSE	SSE	STD
MH_01	0.181417	59.6699	0.0740645	0.215816	49.2778	0.10765
MH_02	0.162273	39.3936	0.0717286	0.207504	38.7091	0.112926
MH_03	0.242322	76.8643	0.112493	0.430108	179.443	0.257942
MH_04	0.354241	122.852	0.104306	0.546682	209.801	0.334325
MH_05	0.262138	41.6422	0.100233	0.395285	110	0.218265
V1_01	0.169695	40.0845	0.031734	0.248981	67.3228	0.0976091
V1_02	0.353987	70.4729	0.187193	0.402993	124.726	0.222118
V1_03	0.201635	40.2906	0.0825222	0.406965	153.53	0.216511

根据表 5-1 中数据，观察到相对于 VINS-mono，本章的 SPL-VIO 算法在 3 个评价指标中都有较大提高。其中，和方差提高了约 50%，标准差提高了约 30%。由此说明，线特征的加入使得算法的提取精度有了较大提高，使得由线特征计算出的帧间位姿具有更高的可靠性，由此后端优化后获得的路标点位置更为精确。在数据集的运行中，观察到线特征在 V1_02 数据集运行中出现了较大偏差。V1_02 是在室内拍摄的，室内的线特征数量较少，使得前一帧提取到的线特征在后续的图像帧中难以寻找到，从而无法进行特征匹配，不能获得该物体在图像中的深度信息。因此，后续算法可对该情况做出调整和改进。

由于均方根误差是评判算法定位精度的主要参数，故而将两个数据集的均方根误差单独进行对比，计算其提升的百分比。由表 5-2 可以得出，本章算法定位精度至少提升了 16%，其中在 V1_03 的困难场景中，算法的精度提升达到 50%。由此可证明，引入线特征后的视觉惯性算法能够大大提高提取特征的精度，后端得到的位姿信息精确度更高，从而获得更高的定位精度，形成绝对轨迹误差更小的算法轨迹图。

表 5-2　SPL-VIO 算法与 VINS-mono 在 EuRoC 数据集的 RMSE 提升效率

EuRoC	RMSE/%	SSE/%	STD/%
MH_01_easy	15. 93904	−21. 0888	31. 19879
MH_02_easy	21. 79765	−1. 76832	36. 48177
MH_03_medium	43. 6602	57. 16506	56. 38826
MH_04_difficult	35. 20163	41. 44356	68. 80102
MH_05_difficult	33. 6838	62. 14345	54. 07738
V1_01_easy	31. 8442	40. 45925	67. 48869
V1_02_medium	12. 16051	43. 49783	15. 72362
V1_03_difficult	50. 45397	73. 75718	61. 88545

　　MH_03 和 MH_04 两个场景在数据集中为中等和困难难度，选择上述两个场景中的实时绝对误差图进行对比，能够说明本书算法的普适性和强鲁棒性。将本章算法 SPL-VIO 与 PL-VIO 的实时绝对估计误差图对比如图 5-8 所示。图中的浅灰色实线代表本章 SPL-VIO 算法，深灰色实线为 PL-VIO 算法。由图 5-8（a）、（c）可以看出，随着时间的推移，SPL-VIO 算法运行结果基本位于 PL-VIO 算法的下方；由图 5-8（b）、（d）可以看出，SPL-VIO 算法的直方图拟合值中的误差基本集中在一个较为稳定的中部区域，使得系统的运行较为稳定，不易受到极大值和极小值的干扰。

　　将多级像素特征提取算法和 SPL-VIO 与 VINS-mono、PL-VIO 进行联合比较，绘制出实时绝对误差图。图中 VINS-mono 算法运行 vins-mono03. txt，多级像素特征提取算法运行 sub-pixel03. txt，PL-VIO 算法运行 pl-vio03. txt，本章的点线特征算法 SPL-VIO 运行 sub-lsd03. txt。由图 5-9 可以得出，加入了线特征的 PL-VIO 和 SPL-VIO 明显比单纯的点特征提取算法绝位置误差小，全程基本处于点特征提取算法的下部。在直方图拟合曲线中，相对于点特征提取算法的 APE 值在数轴上分布范围较大，点线特征提取的误差基本集中于 APE 值较小的部分。在点特征提取算法中，多级像素特征提取算法大部分时间都是在 VINS-mono 算法的下方，其 APE 值也更集中于靠近 0 的部分。在点线结合特征提取算法中，本章的亚像素级点线结合特征提取算法 SPL-VIO 在图中的曲线相较于 PL-VIO 更靠近 x 轴。其 APE 值分布更为集中，且大部分 APE 值都更靠近 y 轴。由四线对比折线图可以看出，本文提出的算法能够提高前端的特征提取精度，从而提升了整个视觉惯性系统定位精度。

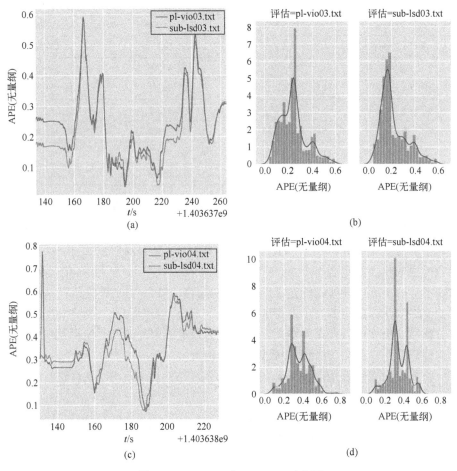

图 5-8 SPL-VIO 与 PL-VIO 对比图

（a）MH_03 对比折线图；（b）MH_03 绝对误差图；

（c）MH_04 对比折线图；（d）MH_04 绝对误差图。

图 5-8 SPL-VIO 与 PL-VIO 对比图

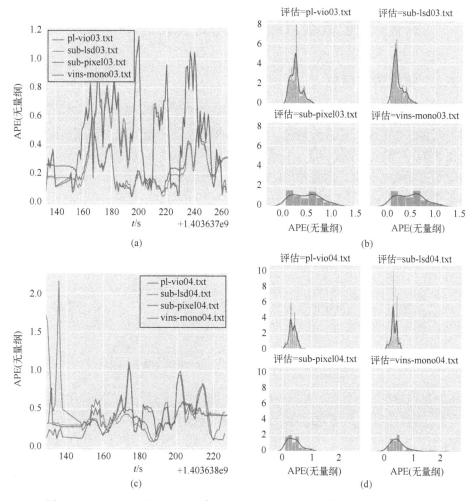

图 5-9　Sub-VINS 和 SPL-VIO 与 VINS-mono、PL-VIO 轨迹绝对误差折线图
（a）MH_03 四线对比折线图；（b）MH_03 绝对误差图；
（c）MH_04 四线对比折线图；（d）MH_04 绝对误差图。

图 5-9　Sub-VINS 和 SPL-VIO 与 VINS-mono、
PL-VIO 轨迹绝对误差折线图

5.5 亚像素级点线特征融合优化的定位算法

5.5.1 算法流程框架

在测试算法过程中，线特征的提取和匹配耗费了算法运行的大量时间，因此，对算法中的线特征进行筛选，从而提高线特征质量，减少特征匹配数量，提出 SSPL-VIO（Screened Subpixel-Point Line Visual Inertial Odometry）算法。通过筛选线段的长度，剔除较短的线特征，避免发生短线段误匹配的情况。增加了筛选部分的点线特征算法流程图如图 5-10 所示。

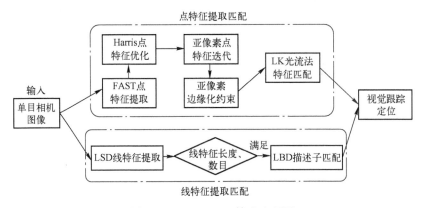

图 5-10　SSPL-VIO 算法流程图

SSPL-VIO 算法的线特征筛选通过控制每帧内线特征数目，使得提取的线特征在图像中分布更为均匀。若对线特征的数目不加以控制，线特征很可能会集中在一个角度域中，堆积的线特征使得帧间匹配的难度加大，极易导致特征跟踪失败。同时，线特征的筛选过程减少了需要匹配的线特征的数目，使得帧间匹配的时间减少，提高了算法的运行速度。SSPL-VIO 算法中关于线特征合并的伪代码如算法 2 所示。

算法 2　线特征筛选

Input：　　　观测图像帧中线特征数目　n

二维线特征距离阈值　threshold1

线特征长度阈值　threshold2

线特征数目阈值 threshold3

```
For   i=0；i<n；i++
      If   diatance（line_i - line_i-1）> threshold1
            If line_size< threshold2
                  break
      END if
      END for
If   i< threshold3
      输入下一帧图像
```

Output：　　筛选后线特征 line_i

5.5.2　实验与分析

　　线特征经过筛选后数目减少，其匹配精度是否下降成为算法需要考虑的问题。因此，将筛选后的点线特征结合算法在同一个实验环境中测验，将获得的数据与 PL-VIO 进行比对，首先观察算法的定位精度是否能够达到系统的精度要求，然后比较算法中线特征的运行时间是否能够得到提升。SSPL-VIO 算法绘制的 xy 平面上的误差轨迹图如图 5-11 所示，选取 MH_03_mediun 和 MH_04_difficult 两个数据集的绝对轨迹图和评价指标分布图。

　　由表 5-3 中的实验数据可以看出，相对于 PL-VIO，经过筛选的点线结合算法在 RMSE、SSE、STD 3 个评价指标中基本上都有所提升，部分场景的提升精度可达到 51%。聚焦于关键评价指标均方根误差，基本上各场景的提升精度约在 10%。说明线特征的筛选能够提高线特征匹配的准确率，从而能够提高算法的定位精度。

表 5-3　SSPL-VIO 算法与 PL-VIO 在 EuRoC 数据集的实验结果比较

EuRoC 序列	SSPL-VIO			PL-VIO		
	RMSE	SSE	STD	RMSE	SSE	STD
MH_01	0.182821	60.7097111	0.075606	0.135503	33.2886	0.0522703
MH_02	0.162561	39.586243	0.073811	0.42563	98.1892	0.399288
MH_03	0.269517	95.085031	0.117231	0.266325	92.8458	0.111037
MH_04	0.345158	121.934	0.174933	0.374162	136.497	0.119477
MH_05	0.263138	42.3242	0.185908	0.307448	101.614	0.100666

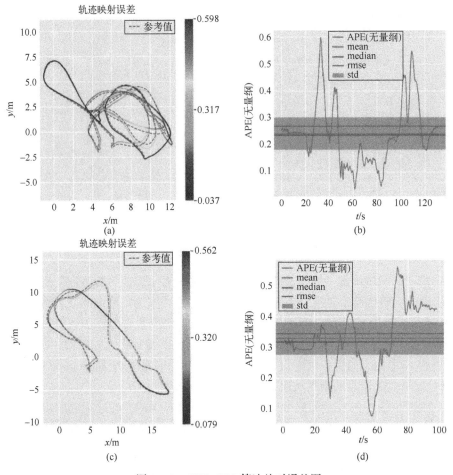

图 5-11　SSPL-VIO 算法绝对误差图

（a）MH_03 绝对误差轨迹图；（b）MH_03 绝对误差图；
（c）MH_04 绝对误差轨迹图；（d）MH_04 绝对误差图。

图 5-11　SSPL-VIO 算法绝对误差图

　　为确定筛选后的点线特征算法中的线特征提取匹配时间能否提高，将改进后的算法时间与 PL-VIO 对比，如表 5-4 所列。由表格可得到，相对于 PL-VIO，筛选后的整个线特征提取匹配时间减少了约 3%，降低了系统在前端运算时间。

表 5-4　SSPL-VIO 算法与 PL-VIO 在 EuRoC 数据集的实验结果比较

EuRoC 序列	SSPL-VIO		PL-VIO	
	RMSE	时间/ms	RMSE	时间/ms
MH_01	0.182821	97.148141	0.135503	100.116337
MH_02	0.162561	97.831102	0.42563	100.432373
MH_03	0.269517	88.959664	0.266325	89.025822
MH_04	0.345158	77.834854	0.374162	77.161603
MH_05	0.263138	76.865097	0.307448	76.972155

经过筛选后的亚像素级点线特征结合算法 SSPL-VIO 的精度与 SPL-VIO 的数据相差无几，但线特征的提取匹配速度得以提高，因此，能够更快地将帧间位姿数据传送给后端，而不影响整个视觉惯性定位精度。

5.6　本章小结

本章论述了基于点线特征结合的前端处理算法，首先叙述了点线融合 VS-LAM 的发展与研究现状，说明点线融合对 SLAM 系统前端特征跟踪环节的重要性；其次介绍了 LSD、LBD 和 EDLines 3 种常见的线特征提取方式；随后进行点线特征误差模型构建，通过最小化重投影误差对相机位姿进行迭代优化；继而介绍了亚像素级点线特征融合的定位算法的算法流程，通过线特征检测性能实验分析体现增加线特征算法的必要性，通过定位精度实验分析可知 SPL-VIO 算法相对于 VINS-mono 和方差提高了约 50%，标准差提高了约 30%，定位精度至少提升了 16%；最后提出了亚像素级点线特征融合优化的定位算法，通过筛选线特征提出 SSPL-VIO 算法，在 RMSE、SSE、STD 3 个评价指标中基本上都有所提升，部分场景的提升精度可达到 51%。

参 考 文 献

[1] JIN T, TANG W X, WANG G. Robust visual SLAM systems with constrained sub-pixel corners and high-quality line features [C]// Proceedings of 5th International Conference on Control and Computer Vision. Xiamen, China: XMU, 2022: 101-106.

[2] ZENG B, SONG C Q, JUN C, et al. DFPC-SLAM: a dynamic feature point constraints-based SLAM using stereo vision for dynamic environment [J]. Guidance, Navigation and

Control, 202, 3(1): 46-60.

[3] NERIA J E, MAR I, RIBERO J, et al. Mobile robot localization and map buildingusing monocular vison [J]. Computer Science, Engineering, 1997, 39(6): 275-284.

[4] BARTOLIA P. Structure-from-motion using lines: representation, triangulation, and bundle adjustment [J]. Computervisionand Image Understanding, 2005, 100(3): 416-41.

[5] JOAN S, VIDAL-CALLEJA T, CIVERA J, et al. Impact of landmark parametrization on monocular EKF-SLAM with points and lines [J]. International Journal of Computer Vision, 2012, 97(3): 339-368.

[6] GOMEZ-OJEDA R, BRIALES J, GONZALEZ - JIMENEZ J. PL - SVO: semi - direct monocular visual odometry by combining points and line segments [C]// Proceedings of IEEE/RSJ International Conference on Intelligent Robots and Systems. Daejeon, Korea: IEEE, 2016: 4211-4216.

[7] PUMAROLA A, VAKHITOV A, AGUDO A, et al. PL-SLAM: real-time monocular visual SLAM with points and lines [C]// Proceedings of IEEE International Conference on Robotics and Automation. Singapore: IEEE, 2017: 4503-4508.

[8] GOMEZ-OJEDA R, MORENO F A, ZUNIGA-NOEL D, et al. PL-SLAM: a stereo SLAM system through the combination of points and line segments [J] IEEE Transactions on Robotics, 2019, 35(3): 734-746.

[9] GIOI R G V, JÉRÉMIE J, MOREL J M, et al. LSD: a fast line segment detector with a false detection control [J]. IEEE Transactions on Pattern Analysis and Machine Intelligence, 2010, 32(4): 722-732.

[10] HE Y J, ZHAO J, GUO Y, et al. PL-VIO: tightly-coupled monocular visual-inertial odometry using point and line features [J]. Sensors, 2018, 18(4): 1159-1183.

[11] ZHANG L L, KOCH R. An efficient and robust line segment matching approach based on LBD descriptor and pairwise geometric consistency [J]. Journal of Visual Communication and Image Representation, 2013, 24(7): 794-805.

[12] FU Q, WANG J, YU H, et al. PL-VINS: real-time monocular visual-Inertial SLAM with point and line [J]. arXiv Preprint arXiv: 2009. 07462, 2009.

[13] XU B, WANG P, HE Y, et al. Leveraging structural information to improve point line visual-inertial odometry [J]. IEEE Robotics and Automation Letters, 2022, 7(2): 3483-3490.

[14] LEUTENEGGER S, LYNEN S, BOSSE M, et al. Keyframe-based visual-inertial odometry using nonlinear optimization [J]. International Journal of Robotics Research, 2014, 34(3): 314-334.

[15] JIN H L, LEE S, LIM J, et al. Outdoor place recognition in urban environments using straight lines [C]// Proceedings of IEEE International Conference on Robotics & Automation. Hong Kong, China: IEEE, 2014: 5550-5557.

[16] AKINLAR C, TOPAL C. EDLines: a real-time line segment detector witha false detection

control［J］. Pattern Recognition Letters, 2011, 13(32): 1633-1642.

［17］ ZHANG L, KOCH R. An efficient and robust line segment matching approach based on LBD descriptor and pairwise geometric consistency［J］. Journal of Visual Communication and Image Representation, 2013, 24(7): 794-805.

［18］ YU Z Y, MIN H S. Visual SLAM algorithm based on ORB features and line features［C］// Proceedings of Chinese Automation Congress. Hangzhou, China: CAA, 2019: 3003-3008.

第6章　基于点线特征合并的后端优化

视觉定位流程、基本框架在视觉惯性里程计系统[1-3]中，前端部分通过特征提取算法计算载体的运动情况，获得帧间位姿，从而将路标点上传至地图中。然而，在系统运行过程中，由于外界因素产生的误差在运算过程中不断累积，需要后端优化对数据进行矫正。同时，在后端优化中，关键帧的选取和滑动窗口中特征的选择能够改变后端优化的时间，从而使得整个系统的运行时间缩短。

6.1　惯性测量误差模型与预积分

IMU 是视觉惯性 SLAM 算法中的另一个十分关键的传感器，一般由三个加速度计和三个陀螺仪组成，其中加速度计测量载体加速度陀螺仪测量载体角速度，然后通过不断地递推计算得到当前载体的位姿与速度[4]。当不考虑 IMU 的尺度因子误差、IMU 三轴没有严格垂直造成的误差以及由于环境因素造成的误差时，可以将 IMU 的测量模型表示如下：

$$\tilde{\boldsymbol{a}}^b = \boldsymbol{a}^b + \boldsymbol{R}_{bw}\boldsymbol{g}^w + \boldsymbol{b}_a^b + \boldsymbol{n}_a^b \tag{6.1}$$

$$\tilde{\boldsymbol{\omega}}^b = \boldsymbol{\omega}^b + \boldsymbol{b}_\omega^b + \boldsymbol{n}_\omega^b \tag{6.2}$$

式中：$\tilde{\boldsymbol{a}}^b$ 与 $\tilde{\boldsymbol{\omega}}^b$ 分别为 IMU 输出的加速度与角速度的值；$\boldsymbol{R}_{bw}$ 是从世界坐标系到载体坐标系的旋转矩阵，一般来说，载体坐标系与 IMU 坐标系相同；$\boldsymbol{g}^w$ 是世界坐标系下的重力向量；$\boldsymbol{b}_a^b$ 与 $\boldsymbol{b}_w^b$ 分别为 IMU 中加速度计与陀螺仪的测量偏置；$\boldsymbol{n}_a^b$ 与 $\boldsymbol{n}_\omega^b$ 分别为 IMU 中加速度计与陀螺仪的测量噪声。根据上述公式可以将运动模型表示为

$$\dot{\boldsymbol{p}}_{wb_t} = \boldsymbol{v}_t^w \tag{6.3}$$

$$\dot{\boldsymbol{v}}_t^w = \boldsymbol{a}_t^w \tag{6.4}$$

$$\dot{\boldsymbol{q}}_{wb_t} = \boldsymbol{q}_{wb_t} \otimes \begin{bmatrix} 0 \\ \dfrac{1}{2}\boldsymbol{\omega}^{b_t} \end{bmatrix} \tag{6.5}$$

式中：$\boldsymbol{p}$ 表示位移；$\boldsymbol{v}$ 表示速度；$\boldsymbol{q}$ 表示旋转；符号 $\otimes$ 表示四元数的乘法。

在视觉惯性 SLAM 系统中，视觉惯性信息往往不能直接融合，因为视觉传感器输出图像的频率一般为 30~60Hz，而 IMU 输出数据的频率一般能达到几百赫兹甚至更高[5-7]，针对这一问题，本节使用 IMU 预积分的方法来解决。如图 6-1 所示，在相机输出的图像帧中选取关键帧，将两个相邻关键帧之间的 IMU 输出值进行积分合并为后一关键帧的约束。

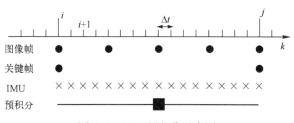

图 6-1　IMU 预积分示意图

根据图 6-1 中的信息，假设第 i 时刻 IMU 的状态信息为 $(\boldsymbol{p}_{b_i}^w, \boldsymbol{v}_{b_i}^w, \boldsymbol{q}_{b_i}^w)$，通过对两帧之间的 IMU 信息进行积分可以得出第 j 时刻 IMU 的状态信息为

$$\boldsymbol{p}_{wb_j} = \boldsymbol{p}_{wb_i} + \boldsymbol{v}_i^w \Delta t + \iint_{t \in [i,j]} \left[\boldsymbol{R}_{wb_t} (\boldsymbol{a}^{b_t} - \boldsymbol{b}_{a_t}^b) - \boldsymbol{g}^w \right] \mathrm{d}t^2 \tag{6.6}$$

$$\boldsymbol{v}_j^w = \boldsymbol{v}_i^w + \int_{t \in [i,j]} \left[\boldsymbol{R}_{wb_t} (\boldsymbol{a}^{b_t} - \boldsymbol{b}_{a_t}^b) - \boldsymbol{g}^w \right] \mathrm{d}t \tag{6.7}$$

$$\boldsymbol{q}_{wb_j} = \int_{t \in [i,j]} \boldsymbol{q}_{wb_t} \otimes \begin{bmatrix} 0 \\ \frac{1}{2}(\boldsymbol{\omega}^{b_t} - \boldsymbol{b}_{\omega_t}^b) \end{bmatrix} \mathrm{d}t \tag{6.8}$$

式中：$\boldsymbol{a}^{b_t}$ 与 $\boldsymbol{\omega}^{b_t}$ 分别为在载体坐标系下 IMU 输出的加速度和角速度的值；$\boldsymbol{b}_{a_t}^b$ 与 $\boldsymbol{b}_{\omega_t}^b$ 分别为载体坐标系下 IMU 加速度计和陀螺仪的测量偏置。从上述公式可知，当相机位姿优化后，需要对每一个状态量重新积分，这样会占用大量的计算资源，导致 SLAM 系统实时性较差。因此，将 $\boldsymbol{q}_{wb_j}$ 拆分，表达式为

$$\boldsymbol{q}_{wb_t} = \boldsymbol{q}_{wb_i} \otimes \boldsymbol{q}_{b_i b_t} \tag{6.9}$$

则可以推出预积分的表达式为

$$\boldsymbol{p}_{wb_j} = \boldsymbol{p}_{wb_i} + \boldsymbol{v}_i^w \Delta t - \frac{1}{2} \boldsymbol{g}^w \Delta t^2 + \boldsymbol{R}_{wb_i} \iint_{t \in [i,j]} \left[\boldsymbol{R}_{b_i b_t} (\boldsymbol{a}^{b_t} - \boldsymbol{b}_{a_t}^b) \right] \mathrm{d}t^2 \tag{6.10}$$

$$\boldsymbol{v}_j^w = \boldsymbol{v}_i^w - \boldsymbol{g}^w \Delta t + \boldsymbol{R}_{wb_i} \int_{t \in [i,j]} \left[\boldsymbol{R}_{b_i b_t} (\boldsymbol{a}^{b_t} - \boldsymbol{b}_{a_t}^b) \right] \mathrm{d}t \tag{6.11}$$

$$\boldsymbol{q}_{wb_j} = \boldsymbol{q}_{wb_i} \int_{t \in [i,j]} \boldsymbol{q}_{b_i b_t} \otimes \begin{bmatrix} 0 \\ \frac{1}{2}(\boldsymbol{\omega}^{b_t} - \boldsymbol{b}_{\omega_t}^b) \end{bmatrix} \mathrm{d}t \tag{6.12}$$

从上述公式表达可知，第 j 时刻的 IMU 预积分里的积分项都与起始状态无

关，可以认为都是相对量。当 SLAM 系统进行后端优化时，前面状态量的变化不会影响后面预积分的推导，大大减少了计算量，具体可以表达为

$$\boldsymbol{\alpha}_{b_i b_j} = \iint_{t \in [i,j]} \left[\boldsymbol{R}_{b_i b_t} (\boldsymbol{a}^{b_t} - \boldsymbol{b}_{a_t}^b) \right] \mathrm{d}t^2 \tag{6.13}$$

$$\boldsymbol{\beta}_{b_i b_j} = \int_{t \in [i,j]} \left[\boldsymbol{R}_{b_i b_t} (\boldsymbol{a}^{b_t} - \boldsymbol{b}_{a_t}^b) \right] \mathrm{d}t \tag{6.14}$$

$$\boldsymbol{q}_{b_i b_j} = \int_{t \in [i,j]} \boldsymbol{q}_{b_i b_t} \otimes \begin{bmatrix} \boldsymbol{0} \\ \frac{1}{2}(\boldsymbol{\omega}^{b_t} - \boldsymbol{b}_{\omega_t}^b) \end{bmatrix} \mathrm{d}t \tag{6.15}$$

上述预积分公式是在连续时间内进行推导的，但是实际上 IMU 的输出并不连续，因此，本书使用中值法计算 IMU 预积分，使用 k、$k+1$ 时刻 IMU 输出的加速度与角速度的平均值表达为

$$\widetilde{\boldsymbol{\omega}} = \frac{1}{2}((\widetilde{\boldsymbol{\omega}}^{b_k} - \boldsymbol{b}_w^{b_k}) + (\widetilde{\boldsymbol{\omega}}^{b_{k+1}} - \boldsymbol{b}_w^{b_{k+1}})) \tag{6.16}$$

$$\widetilde{\boldsymbol{q}}_{b_i b_{k+1}} = \widetilde{\boldsymbol{q}}_{b_i b_k} \otimes \begin{bmatrix} 1 \\ \frac{1}{2} \widetilde{\boldsymbol{\omega}} \mathrm{d}t \end{bmatrix} \tag{6.17}$$

$$\widetilde{\boldsymbol{a}} = \frac{1}{2}(\boldsymbol{R}_{b_i b_k}(\widetilde{\boldsymbol{a}}^{b_k} - \boldsymbol{b}_a^{b_k}) + \boldsymbol{R}_{b_i b_{k+1}}(\widetilde{\boldsymbol{a}}^{b_{k+1}} - \boldsymbol{b}_a^{b_k})) \tag{6.18}$$

$$\boldsymbol{\alpha}_{b_i b_{k+1}} = \boldsymbol{\alpha}_{b_i b_k} + \boldsymbol{\beta}_{b_i b_k} \mathrm{d}t + \frac{1}{2} \widetilde{\boldsymbol{a}} \mathrm{d}t^2 \tag{6.19}$$

$$\boldsymbol{\beta}_{b_i b_{k+1}} = \boldsymbol{\beta}_{b_i b_k} + \widetilde{\boldsymbol{a}} \mathrm{d}t \tag{6.20}$$

$$\boldsymbol{b}_a^{b_{k+1}} = \boldsymbol{b}_a^{b_k} + \boldsymbol{n}_{b_a^k} \mathrm{d}t \tag{6.21}$$

$$\boldsymbol{b}_\omega^{b_{k+1}} = \boldsymbol{b}_\omega^{b_k} + \boldsymbol{n}_{b_\omega^k} \mathrm{d}t \tag{6.22}$$

在后端优化中对 IMU 的偏置进行优化时，由于偏置变化很小，所以使用偏置的一阶近似对 IMU 预积分进行修正：

$$\boldsymbol{\alpha}_{b_i b_j} \approx \widetilde{\boldsymbol{\alpha}}_{b_i b_j} + \boldsymbol{J}_{b_a^{i}}^{\alpha} \delta \boldsymbol{b}_a^{b_i} + \boldsymbol{J}_{b_\omega^{i}}^{\alpha} \delta \boldsymbol{b}_\omega^{b_i} \tag{6.23}$$

$$\boldsymbol{\beta}_{b_i b_j} \approx \widetilde{\boldsymbol{\beta}}_{b_i b_j} + \boldsymbol{J}_{b_a^{i}}^{\beta} \delta \boldsymbol{b}_a^{b_i} + \boldsymbol{J}_{b_\omega^{i}}^{\beta} \delta \boldsymbol{b}_\omega^{b_i} \tag{6.24}$$

$$\boldsymbol{q}_{b_i b_j} \approx \widetilde{\boldsymbol{q}}_{b_i b_j} \otimes \begin{bmatrix} 1 \\ \frac{1}{2} \boldsymbol{J}_{b_\omega^{i}}^{\beta} \boldsymbol{b}_\omega^{b_i} \end{bmatrix} \tag{6.25}$$

式中：$\boldsymbol{J}$ 表示第 i 时刻 IMU 预积分关于偏置的雅可比矩阵。

根据 IMU 的预积分，可以将相邻两关键帧之间 IMU 输出的数据转化为观测值。因此，可以将惯性测量误差表示为

$$r_b = \begin{bmatrix} r_p \\ r_q \\ r_v \\ r_{b_a} \\ r_{b_\omega} \end{bmatrix} = \begin{bmatrix} \boldsymbol{R}_{b_k w}\left(\boldsymbol{p}_{wb_k} - \boldsymbol{p}_{wb_{k+1}} - \boldsymbol{v}_k^w \Delta t + \dfrac{1}{2}\boldsymbol{g}^w \Delta t^2\right) - \widetilde{\boldsymbol{a}}_{b_k b_{k+1}} \\ 2\left[\left(\widetilde{\boldsymbol{q}}_{b_k b_{k+1}}\right)^{-1} \otimes \left(\boldsymbol{q}_{wb_k}\right)^{-1} \otimes \boldsymbol{q}_{wb_{k+1}}\right]_{xyz} \\ \boldsymbol{R}_{b_k w}\left(\boldsymbol{v}_{k+1}^w + \boldsymbol{g}^w \Delta t - \boldsymbol{v}_k^w\right) - \widetilde{\boldsymbol{\beta}}_{b_k b_{k+1}} \\ \boldsymbol{b}_a^{b_{k+1}} - \boldsymbol{b}_a^{b_k} \\ \boldsymbol{b}_\omega^{b_{k+1}} - \boldsymbol{b}_\omega^{b_k} \end{bmatrix} \tag{6.26}$$

式中：符号 $\lfloor \cdot \rfloor_{xyz}$ 表示提取四元数的实部，用来近似旋转误差。惯性测量误差对状态量 $\boldsymbol{x}_k$ 和 $\boldsymbol{x}_{k+1}$ 的雅可比矩阵可以表示为

$$\boldsymbol{J}_b = \begin{bmatrix} \dfrac{\partial r_b}{\partial \delta \boldsymbol{x}_k} & \dfrac{\partial r_b}{\partial \delta \boldsymbol{x}_{k+1}} \end{bmatrix} \tag{6.27}$$

$$\frac{\partial r_b}{\partial \delta \boldsymbol{x}_k} = \begin{bmatrix} -\boldsymbol{R}_{b_k w} & \left[\boldsymbol{R}_{b_k w}\left(\boldsymbol{p}_{wb_{k+1}} - \boldsymbol{p}_{wb_k} - \boldsymbol{v}_k^w \Delta t + \dfrac{1}{2}\boldsymbol{g}^w \Delta t^2\right)\right]_\times & -\boldsymbol{R}_{b_k w}\Delta t & -\boldsymbol{J}_{b_\alpha}^\alpha & -\boldsymbol{J}_{b_\omega}^\alpha \\ 0 & \left[-\left[\boldsymbol{q}_{wb_{k+1}}^{-1} \otimes \boldsymbol{q}_{wb_k}\right]_L\left[\widetilde{\boldsymbol{q}}_{b_k b_{k+1}}\right]_R\right]_{3\times3} & 0 & 0 & \boldsymbol{J}_{b_a}^{r_q} \\ 0 & \left[\boldsymbol{R}_{b_k w}\left(\boldsymbol{v}_{k+1}^w - \boldsymbol{v}_k^w + \boldsymbol{g}^w \Delta t\right)\right]_\times & -\boldsymbol{R}_{b_k w} & -\boldsymbol{J}_{b_\alpha}^\beta & -\boldsymbol{J}_{b_\omega}^\beta \\ 0 & 0 & 0 & -\boldsymbol{I} & 0 \\ 0 & 0 & 0 & -\boldsymbol{I} & -\boldsymbol{I} \end{bmatrix} \tag{6.28}$$

$$\boldsymbol{J}_{b_\omega}^{r_\theta} = \left[-\left[\boldsymbol{q}_{wb_{k+1}}^{-1} \otimes \boldsymbol{q}_{wb_k} \otimes \boldsymbol{q}_{b_k b_{k+1}}\right]_L\right]_{3\times3} \boldsymbol{J}_{b_\omega}^q \tag{6.29}$$

$$\frac{\partial r_b}{\partial \delta \boldsymbol{x}_{k+1}} = \begin{bmatrix} -\boldsymbol{R}_{b_k w} & 0 & 0 & 0 & 0 \\ 0 & -\left[\widetilde{\boldsymbol{q}}_{b_k b_{k+1}}^{-1} \otimes \boldsymbol{q}_{wb_k}^{-1} \otimes \boldsymbol{q}_{wb_{k+1}}\right]_L]_{3\times3} & 0 & 0 & 0 \\ 0 & 0 & \boldsymbol{R}_{b_k w} & 0 & 0 \\ 0 & 0 & 0 & \boldsymbol{I} & 0 \\ 0 & 0 & 0 & 0 & \boldsymbol{I} \end{bmatrix} \tag{6.30}$$

式中：符号 $[\boldsymbol{q}]_R$ 和 $[\boldsymbol{q}]_L$ 分别表示四元数的左乘和右乘矩阵；符号 $[\cdot]_{3\times3}$ 表示从矩阵右下方提取一个 3×3 的矩阵。

6.2　基于滑动窗口的后端优化

　　SLAM 系统在进行初始化后会不断地估计相机的位姿，然后将特征信息、位姿信息以及惯性信息等输入到 SLAM 系统的后端中构造优化函数，最后再对其进行非线性优化，将误差优化到最小。随着时间的逐渐增加，输入到后端的信息越来越多，这会导致后端优化的计算量和复杂度都大大增加[8]。所以本

书使用滑动窗口模型进行后端优化，控制后端优化的计算量，如图 6-2 所示。当有新的关键帧输入到滑动窗口中时，将最早的关键帧进行边缘化，保持滑动窗口内关键帧数量的恒定。同时，由于本书在原算法的基础上增加线特征导致后端优化的计算量增加，本书提出一种基于图像信息熵的点线融合模式。通过计算滑动窗口内关键帧的图像信息熵判断当前是否处于低纹理环境，进而决定是否要在误差函数中增加线特征重投影误差，这样可以有效地减少计算量，提高 SLAM 系统的实时性。

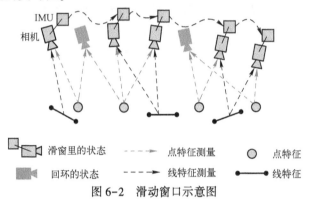

图 6-2　滑动窗口示意图

6.2.1　关键帧的选择

在 SLAM 系统中，视觉传感器与惯性传感器不断地输出信息到系统前端，在经过前端处理后输入到后端构建误差函数，然后进行非线性优化，再对载体位姿进行估计，但是随着 SLAM 系统长时间运行，传感器输入的数据也越来越多，导致系统后端的计算量大大增加。如果对所有信息都进行优化处理，即使使用滑动窗口也会有很大的计算量。同时，由于相邻的图像帧之间图像差异较小、信息冗余度比较高，因此，为了提高 SLAM 系统的实时性[9-11]，本书对图像帧进行过滤选择，从相机输入中选择具有代表性的图像帧，也就是关键帧，在系统后端中仅对关键帧进行优化处理，使得有限的计算资源能够用在刀刃上。

选择关键帧主要从关键帧自身和关键帧与其他关键帧之间的关系两方面来考虑。首先，关键帧自身质量要好，特征点数量充足且分布均匀；其次，关键帧与其他关键帧之间要有一定的共视关系，但是重复度不能太高。具体的关键帧选择策略分为两种：第一种是根据当前帧与上一关键帧的距离选择，当运动距离足够远时便将其设为关键帧；第二种是根据共视特征点的数目进行选择，当前帧与上一关键帧的共视特征点数目减少到一定比例时，说明当前相机和上一关键帧已有一段距离，便可以建立新的关键帧。

6.2.2 融合视觉惯性信息的后端优化

根据上文的公式推导可知，第 i 时刻滑动窗口内的变量信息和状态信息可以表示为

$$X = \left[\boldsymbol{x}_n, \boldsymbol{x}_{n+1}, \cdots, \boldsymbol{x}_{n+N}, \boldsymbol{\lambda}_m, \boldsymbol{\lambda}_{m+1}, \cdots, \boldsymbol{\lambda}_{m+M}, \boldsymbol{O}_k, \boldsymbol{O}_{k+1}, \cdots, \boldsymbol{O}_{k+K} \right]^T \quad (6.31)$$

$$\boldsymbol{x}_i = \left[\boldsymbol{p}_{wb_i}, \boldsymbol{q}_{wb_i}, \boldsymbol{v}_i^w, \boldsymbol{b}_a^{b_i}, \boldsymbol{b}_\omega^{b_i} \right]^T, \quad i \in \left[n, n+N \right] \quad (6.32)$$

式中：x_i 表示滑窗内某一关键帧的状态量；$\boldsymbol{p}_{wb_i}$、$\boldsymbol{q}_{wb_i}$ 与 $\boldsymbol{v}_i^w$ 分别表示该关键帧在世界坐标系下的位置、速度和旋转；$\boldsymbol{b}_a^{b_i}$ 与 $\boldsymbol{b}_\omega^{b_i}$ 表示 IMU 中加速度计与陀螺仪的偏置；下标中的 n、m 与 k 分别表示关键帧与点线特征的索引号；N、M 与 K 分别表示滑动窗口内关键帧的数量与点线特征的数量；$\boldsymbol{\lambda}_m$ 表示滑动窗口内特征点的逆深度信息；$\boldsymbol{O}_k$ 表示滑动窗口内线特征的正交表示。

本书的优化函数中包括 4 个部分：边缘化后的先验误差、IMU 测量误差、点特征重投影误差和线特征重投影误差，具体可以表示为

$$\min_X \left\{ \underbrace{\rho \left(\| \boldsymbol{r}_p - \boldsymbol{J}_p X \|^2 \right)}_{\text{先验误差}} + \underbrace{\sum_{i \in B} \rho \left(\| r_B(\tilde{z}_{b_i b_{i+1}}, X) \|_{\boldsymbol{P}_{b_i b_{i+1}}}^2 \right)}_{\text{IMU测量误差}} \right.$$
$$\left. + \underbrace{\sum_{(i,j) \in F} \rho \left(\| r_f(\tilde{z}_{f_p}^{c_i}, X) \|_{\boldsymbol{P}_{f_p}^{c_i}}^2 \right)}_{\text{点特征重投影误差}} + \underbrace{\sum_{(i,j) \in L} \rho \left(\| r_l(\tilde{z}_{l_k}^{c_i}, X) \|_{\boldsymbol{P}_{l_k}^{c_i}}^2 \right)}_{\text{线特征重投影误差}} \right\} \quad (6.33)$$

式中：$\{ \boldsymbol{r}_p, \boldsymbol{J}_p \}$ 表示边缘化后的残差和相应的雅可比矩阵；$\boldsymbol{P}_{b_i b_{i+1}}$、$\boldsymbol{P}_{f_p}^{c_i}$ 与 $\boldsymbol{P}_{l_k}^{c_i}$ 分别为 IMU 测量和视觉测量中点线特征的协方差矩阵；集合 B、F 与 L 分别为滑动窗口内所有 IMU 的测量值和所有被观测到两次以上的点线特征的集合；ρ 为核函数。针对该问题，本书使用列文伯格–马夸特算法来进行迭代优化，具体优化过程不再详细推导。

6.2.3 基于图像信息熵的点线融合模式

为解决基于点特征的视觉 SLAM 系统在低纹理环境下定位精度较差的问题，本书在后端优化加入线特征的重投影误差，提高了 SLAM 系统在低纹理环境下的鲁棒性。但是由于线特征的参数化与重投影误差的表达均比较复杂，所以在添加线特征的重投影误差后会给 SLAM 系统后端优化增加较大的计算量，会降低 SLAM 系统的实时性。尤其是在一些纹理丰富的环境下，使用点特征便可以进行准确定位，同时计算点特征和线特征会造成计算资源的浪费，还会引入更多的误差导致定位精度下降。本节提出一种基于图像信息熵的点线融合模式。

信息熵的概念最早由美国科学家 C. Shannon 提出[12]，后来被应用到图像处理中引出了图像信息熵的概念，图像信息熵能够表示图像中包含的信息量，是对图像中信息不确定性的度量。图像信息熵的计算公式为

$$H = - \sum_{i=0}^{255} P(x_i) \log_2(P(x_i))$$ (6.34)

式中：x_i 为灰度值，取值范围为 0~255；$P(x_i)$ 为该灰度值在图像中出现的概率。从式（6.34）中可以看出，如果图像灰度分布比较广，则图像信息熵值就比较大，图像的纹理也比较丰富；反之，图像灰度分布单一，图像信息熵就较小，说明该图像处于低纹理环境。

经过多次实验估计，设定经验阈值 η，本节设定为 7.5。当 SLAM 系统进行后端优化时，首先计算滑动窗口内所有关键帧的图像信息熵，然后计算其平均值 H。当 $H \geq \eta$ 时，说明相机处于纹理丰富的环境，此时，仅使用点特征便可以进行精确定位。所以在建立优化函数时，不需要加入线特征重投影误差，本文将线特征重投影误差项设定为零向量，这样就可以在不影响信息矩阵维度的同时减少 SLAM 系统的计算量。当 $H < \eta$ 时，说明相机此时处于低纹理环境，需要加入线特征重投影误差进行约束。基于图像信息熵的点线融合模式有效地解决了传统点线融合在纹理丰富区域存在的计算冗余问题，在不影响 SLAM 系统定位精度的同时提高了系统的实时性。

6.2.4 边缘化策略

在基于滑动窗口的后端优化中，随着时间的推移，不断地有新关键帧进入滑动窗口中，同时也会有旧关键帧移出，称为边缘化。具体来讲，就是将滑动窗口内最早的一帧关键帧的位姿和特征信息抛弃，只保留边缘化后的约束信息，并将该约束信息转化为下一次后端优化的先验信息。当普通帧进入滑动窗口内时，将其视觉信息丢弃，只保留惯性信息，以保证 IMU 预积分的连续性。可以将边缘化问题表示为一个最小二乘问题：

$$\boldsymbol{H}\delta\boldsymbol{\mathcal{X}} = \boldsymbol{b}$$ (6.35)

设 $\mathcal{X}_i$ 是将要被系统边缘化的状态信息，$\mathcal{X}_j$ 是要保留的状态信息，那么，可以将边缘化的过程简化为

$$\begin{bmatrix} \boldsymbol{H}_{ii} & \boldsymbol{H}_{ij} \\ \boldsymbol{H}_{ji} & \boldsymbol{H}_{ij} \end{bmatrix} \begin{bmatrix} \delta\mathcal{X}_i \\ \delta\mathcal{X}_j \end{bmatrix} = \begin{bmatrix} \boldsymbol{b}_i \\ \boldsymbol{b}_j \end{bmatrix}$$ (6.36)

使用舒尔补的方法解决该问题，可得

$$\boldsymbol{H}_{ij}^* = \boldsymbol{H}_{ij} - \boldsymbol{H}_{ji}\boldsymbol{H}_{ii}^{-1}\boldsymbol{H}_{ij}$$ (6.37)

$$\boldsymbol{b}_j^* = \boldsymbol{b}_j - \boldsymbol{H}_{ji}\boldsymbol{H}_{ii}^{-1}\boldsymbol{b}_i$$ (6.38)

式中：H_{ij}^{*} 便是边缘化后的信息矩阵；b_{j}^{*} 为误差变量。不断地进行边缘化可以将滑动窗口内的关键帧数量保持恒定，有效地提高了系统的实时性。

6.3　亚像素级点线特征合并优化的定位算法

6.3.1　滑动窗口算法

利用 BA 算法对前端输出的载体运动数据进行处理，建立路标点，在后端构建地图。载体在运动过程中不断向后端输送点线特征的位姿信息，使得 BA 算法在系统算力的条件下无法无限制地对数据进行处理。因此，选取关键帧构造路标点的 BA，其余的非关键帧只提供帧间位姿，起到定位的作用。为保证关键帧的数量在运行过程中得到控制，设置滑动窗口，将几个关键帧固定在一个时间窗口内，当出现下一个关键帧时，将距离当前时刻最远的关键帧剔除，由此始终将 BA 控制在一个滑动窗口中[13-14]。被剔除的关键帧信息称为滑动窗口的边缘化。

1. 关键帧选取

关键帧作为一段连续图像帧的代表，需要满足一定的条件，如图像中有足够多能够跟踪的点、线特征，相邻两帧的位姿满足阈值等。因此，相邻关键帧彼此之间没有较多的共同点，具有一定的稀疏性。本文对关键帧的选取条件如下。

（1）最新的关键帧与最近插入的关键帧之间有 15 个连续的图像帧。如果某一个关键帧中的跟踪点小于设定的最小值，将直接插入新的关键帧。

（2）当前帧的点、线跟踪数目必须达到 20 个，后续图像中的点、线特征跟踪数量越多，越能够为后端提供更多的位姿信息，形成良好的跟踪环境。

（3）若最新的图像帧与当前关键帧的帧间位姿超过预先设定的阈值时，将该关键帧剔除，引入新的关键帧。避免因载体较大的运动导致帧间误跟踪，影响后端优化的准确性。

利用上述 3 个条件在图像帧序列中挑选能够满足要求的关键帧，利用关键帧与其他图像帧建立 BA 关系，对路标点的位置进行更新和优化。关键帧的选取能够减少后端的计算量，提高后端的运算速度。

2. 滑动窗口

在滑动窗口内进行非线性优化，其状态向量包括滑动窗口在内的 $n+1$ 个相机在惯性器件坐标系下的位置、速度、姿态、加速度偏置、陀螺仪偏置、单目相机到惯性器件的外部参数以及输入的三维路标点坐标，上述状态向量需要在后端进行优化，可定义如下：

$$\boldsymbol{\mathcal{X}} = [\boldsymbol{x}_0, \boldsymbol{x}_1, \cdots, \boldsymbol{x}_n, \boldsymbol{x}_c^b, \lambda_0, \lambda_1, \cdots, \lambda_m]$$
$$\boldsymbol{x}_k = [\boldsymbol{p}_{b_k}^w, \boldsymbol{v}_{b_k}^w, \boldsymbol{q}_{b_k}^w, \boldsymbol{b}_a, \boldsymbol{b}_g], \quad k \in [0, n] \qquad (6.39)$$
$$\boldsymbol{x}_c^b = [\boldsymbol{p}_c^b, \boldsymbol{q}_c^b]$$

后端优化时，上述状态向量的误差状态量如下：

$$\delta\boldsymbol{\mathcal{X}} = [\delta\boldsymbol{x}_0, \delta\boldsymbol{x}_1, \cdots, \delta\boldsymbol{x}_n, \delta\boldsymbol{x}_c^b, \delta\lambda_0, \delta\lambda_1, \cdots, \delta\lambda_m]$$
$$\delta\boldsymbol{x}_k = [\delta\boldsymbol{p}_{b_k}^w, \delta\boldsymbol{v}_{b_k}^w, \delta\boldsymbol{q}_{b_k}^w, \delta\boldsymbol{b}_a, \delta\boldsymbol{b}_g], \quad k \in [0, n] \qquad (6.40)$$
$$\delta\boldsymbol{x}_c^b = [\delta\boldsymbol{p}_c^b, \delta\boldsymbol{q}_c^b]$$

在视觉惯性定位系统中，前端不断对图像中的点线特征进行提取、匹配，使得后端的约束条件逐渐增加，式（6.39）中的待优化估计量维度不断增加。为将多个待优化估计量的残差项带入一个目标函数，采取最小二乘法构建后端优化的代价函数。采用下式中的最大后验估计法，该目标函数利用紧耦合方式对视觉信息和惯性测量信息进行最优估计，其函数公式如下：

$$\min\left\{\|\boldsymbol{r}_p - \boldsymbol{H}_p\boldsymbol{\mathcal{X}}\|^2 + \sum_{k\in B}\|r_B(\hat{z}_{b_{k+1}}^{b_k}, \boldsymbol{\mathcal{X}})\|^2_{P_{b_{k+1}}^{b_k}} + \sum_{(l,j)\in C}\|r_C(\hat{z}_l^{C_j}, \boldsymbol{\mathcal{X}})\|^2_{P_{l_j}^{C_j}}\right\}$$

$$(6.41)$$

其中，目标函数中的三项分别为边缘化的先验信息、IMU测量误差、视觉测量的残差。三项使用的距离均为马氏距离。

6.3.2 SPML-VIO 算法流程

SPL-VIO 算法运行时间较长的一个主要原因是线特征后端优化的计算量较大。同一物体在相机不同角度拍摄的图像中，提取的线特征结构和梯度不同，使得同一条线特征在前后两帧被重复检测，从而产生了一条新线，增加了位姿估计误差。本节针对此情况提出 SPML-VIO（Subpixel-Point Merge Line Visual Inertial Odometry）算法，算法流程图如图 6-3 所示。

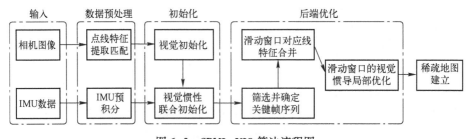

图 6-3 SPML-VIO 算法流程图

SPML-VIO 算法对关键帧进行筛选，在滑动窗口内，通过设置三维空间、二维平面以及线特征 id 3 个条件，判断两条线特征能否合并。SPML-VIO 算法中关于线特征合并的伪代码如算法 3 所示。

算法 3　线特征合并

Input：　　观测图像帧中线特征数目　n
　　　　　　线特征长度 line_min
　　　　　　三维空间线距离阈值　threshold1
　　　　　　二维平面线距离阈值　threshold2
　　　　　　关键帧中线特征 line_j

For　i=0；i<n；i++
　　If　line_ i<line_ min
　　　　line_i 转到曼哈顿坐标系
　　　　If　line_i − line_j<threshold1
　　　　　　If　i<j
　　　　　　　　line_i、line_j 转到二维平面
　　　　　　　　If　line_i − line_j< threshold2
　　　　　　　　　　line_i = line_j
　　　　　　　　　　END if
　　　　　　　　END if
　　　　　　END if
　　　　END if
　　END for

Output：　　合并线特征 line_i

通过对前后两帧的线特征进行合并，将两个误差状态函数合并为一个，减少帧间误匹配，提高了后端优化时间。考虑到在算法开始运行时提取到的线特征较少，难以支撑后端优化算法，本章考虑在算法运行一段时间后加入线特征，保证 SPML-VIO 算法能够稳定运行。

6.4 实验与分析

6.4.1 定位精度实验分析

后端经过关键帧选取和线特征合并后，滑动窗口内的有效线特征比例上升，但整体的线特征数目减少，能否在不降低算法精度的情况下减少线特征的运行时间成为本次实验验证的主要目标。因此，将筛选后的后端优化算法在同一个实验环境中测验，将获得的数据与 PL-VIO 进行比对，首先观察算法的定位精度是否能够达到系统的精度要求，而后比较算法中线特征的运行时间是否能够得到提升。SPML-VIO 算法绘制的三维误差轨迹图如图 6-4 所示。

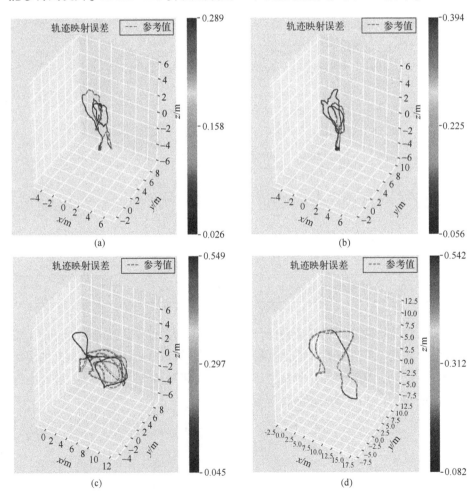

(a) (b)

(c) (d)

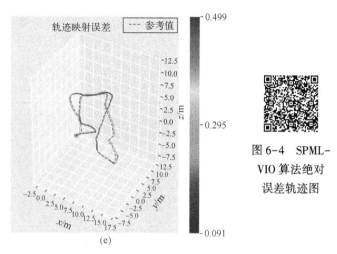

图 6-4　SPML-
VIO 算法绝对
误差轨迹图

图 6-4　SPML-VIO 算法绝对误差轨迹图
(a) MH_01 轨迹图；(b) MH_02 轨迹图；(c) MH_03 轨迹图；
(d) MH_04 轨迹图；(e)；MH_05 轨迹图。

表 6-1 为 SPML-VIO 与 PL-VIO 算法实验结果比较。由表 6-1 可得，SPML-VIO 算法的均方根误差基本在 0.2 以内，和方差值大多在 30 左右，标准差全部在 0.1 以下。MH_ 03 和 MH_ 04 由于场景中包含的线特征数量较少，其均方根误差相对于其他场景相对偏高。若单独对其参数修改调试，可达到更高的精度要求。

表 6-1　SPML-VIO 算法与 PL-VIO 算法在 EuRoC 数据集的实验结果比较

EuRoC 序列	SPML-VIO			PL-VIO		
	RMSE	SSE	STD	RMSE	SSE	STD
MH_01	0.137461	34.352159	0.053579	0.135503	33.2886	0.0522703
MH_02	0.149483	33.4729	0.0783698	0.42563	98.1892	0.399288
MH_03	0.240967	76.0072	0.0968316	0.266325	92.8458	0.111037
MH_04	0.337107	111.255	0.0978576	0.374162	136.497	0.119477
MH_05	0.149483	33.472949	0.078370	0.307448	101.614	0.100666

表 6-2 为 3 个回归评价指标相较于 PL-VIO 算法的提升率。由表 6-2 可得，在线特征较多的场景，如 MH_02 和 MH_05 中，均方根误差提升率可达到 50% 以上；在线特征较少的场景，如 MH_02 和 MH_05 中，均方根误差的提升率也可达到 9%；场景较为简单的 MH_01，实验运行时难以获得较多的线特征，使得后端优化较为困难，但均方根误差与 PL-VIO 相差不多。和方差与标

准差在各个数据集中均有较大提升。3 个回归评价指标的提升率表明 SPML-VIO 算法通过线特征合并，能够有效提高算法的定位精度，并且在复杂环境中运行稳定，能够保持较高的定位精度。

表 6-2　SPML-VIO 算法与 PL-VIO 在 EuRoC 数据集中各指标提升率

EuRoC	RMSE/%	SSE/%	STD/%
MH_01_easy	−1.44499	−3.19496	−2.50372
MH_02_easy	64.87959	65.90979	80.37261
MH_03_medium	9.521449	18.13609	12.79339
MH_04_difficult	9.903464	18.49271	18.09503
MH_05_difficult	51.37942	67.05872	22.14849

将本章算法 SPML-VIO 与 SPL-VIO 算法进行对比。图 6-5 为 SPML-VIO 算法与 SPL-VIO 算法的对比图。图 6-5（a）、（c）、（e）为两种算法的实时绝对误差折线图，深灰色实线为 SPML-VIO 算法，浅灰色实线为 SPL-VIO 算法。可以看到 SPML-VIO 算法运行结果在各个场景中基本都位于 SPL-VIO 算法下方，与真实值更为接近。在图 6-5（e）中观察到，由于 MH_04 场景中的线特征较少，在算法开始运行时，SPML-VIO 算法运行结果一直位于 SPL-VIO 算法上方，随着线特征的数量增加，后端线特征合并有足够的优化数据，SPML-VIO 算法运行结果逐渐位于 SPL-VIO 算法下方，直至场景结束。图 6-5（b）、（d）、（f）为两种算法对比的小提琴图，其中间的黑色粗线为四分数范围，细黑线为 95% 置信区间，中间百点为中位数。深灰色实线为 SPML-VIO 算法，

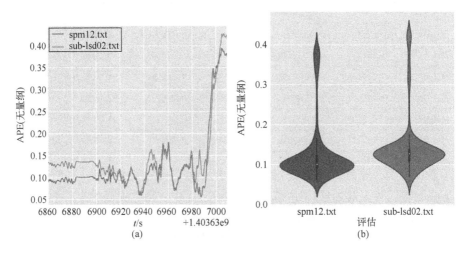

(a)　　　　　　　　　(b)

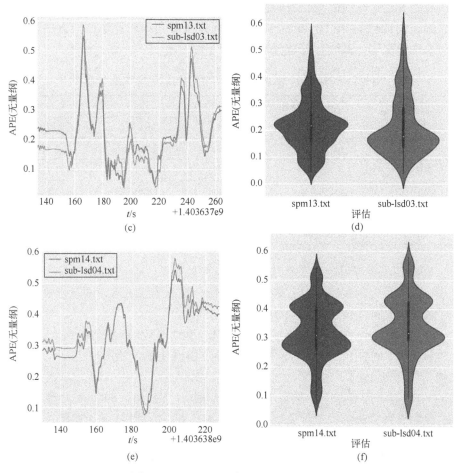

图 6-5　SPML-VIO 与 SPL-VIO 对比图

（a）MH_02 对比折线图；（b）MH_02 小提琴图；（c）MH_03 对比折线图；

（d）MH_03 小提琴图；（e）MH_04 对比折线图；（f）MH_04 小提琴图。

图 6-5　SPML-VIO 与 SPL-VIO 对比图

浅灰色实线为 SPL-VIO 算法。可以看出，SPML-VIO 算法的绝对位姿误差靠近 0 的数据更多，说明在数据运行过程中，微小绝对位姿误差出现的频率更高，更接近真实数据，算法的定位精度相对于 SPL-VIO 更高。

针对算法运行时间较长的问题，将本章算法 SPML-VIO 与 PL-VIO 中的线特征运行时间做对比，由表 6-3 所列，可以观察到本章算法在均方根误差基本提高的情况下，其线特征运行时间缩短了约 10%。

表 6-3　SPML-VIO 算法与 PL-VIO 在 EuRoC 数据集的实验结果比较

EuRoC 序列	SPML-VIO		PL-VIO	
	RMSE	时间/ms	RMSE	时间/ms
MH_01	0. 110728	93. 116517	0. 135503	100. 116337
MH_02	0. 137153	89. 840559	0. 42563	100. 432373
MH_03	0. 264055	85. 156154	0. 266325	89. 025822
MH_04	0. 334458	75. 289710	0. 374162	77. 161603
MH_05	0. 241504	76. 086314	0. 307448	76. 972155

根据表 6-3 可得出本节算法通过对关键帧选取，合并对应重复线特征的方法，减少了无用线特征对后端优化的干扰，提高了系统后端的运行效率，减少了优化向量的维数，符合本节提出的算法思路。

将提出的 Sub-VINS、SPL-VIO、SPML-VIO 与 VIN-MONO、PL-VIO 统一进行比较，绘制出 5 种算法的实时绝对位姿误差图，如图 6-6 所示，其中由初始位置从上到下依次为 PL-VIO、SPML-VIO、SPL-VIO、VINS-mono、Sub-VINS 算法运行结果。选取 MH_03_mediun、MH_04_difficult 两种难度类别，绘制 5 种算法的绝对位姿误差图。在 MH_03 中，算法开始运行，点特征较易提取且数量较多，Sub-VINS 和 VINS-mono 算法运行结果更接近 x 轴，点特征算法的绝对位姿误差偏小。随着线特征数目的增加，线特征算法误差值逐渐变小，后基本稳定在点特征算法下部。在线特征算法中，SPML-VIO 算法随着线特征数目增加，SPML-VIO 算法运行结果逐渐接近 x 轴。说明 SPML-VIO 算法的定位精度较高，能够较好地适应算法。MH_04 场景中的特征数量较少，线特征算法的绝对位姿误差比点特征算法小，本书提出的 3 种算法在图 6-6 中均优于原始算法，其中 SPML-VIO 算法的定位精度最高。

如图 6-7 所示，绘制绝对位姿误差直方图，由上到下依次是 PL-VIO、SPML-VIO、SPL-VIO、Sub-VINS 与 VINS-mono。由图 6-7（a）、（b）可得，VINS-mono 算法运行结果在各指标中最高，SPML-VIO 算法运行结果在各指标中最低。其中，线特征算法各类数值基本为点特征的一半，加入线特征能够使算法的定位精度更高。MH_ 04 场景包含的特征较少，通过亚像素特征检测获得更深层次的信息，尽可能提取出场景特征，获得更多载体位姿数据。

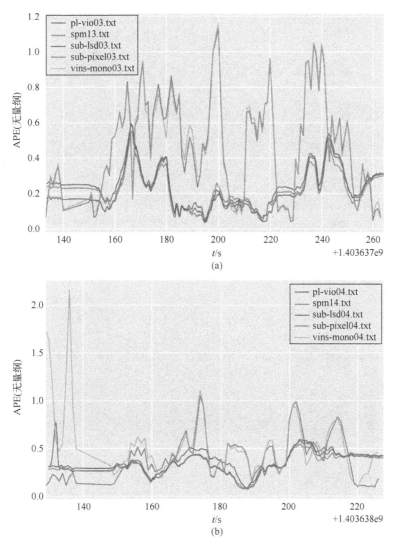

图 6-6　Sub-VINS、SPL-VIO、SPML-VIO 与 VINS-mono、PL-VIO 绝对位姿误差折线图

（a）MH_03 五线对比折线图；（b）MH_04 五线对比折线图。

图 6-6　Sub-VINS、SPL-VIO、SPML-VIO 与 VINS-mono、PL-VIO 绝对位姿误差折线图

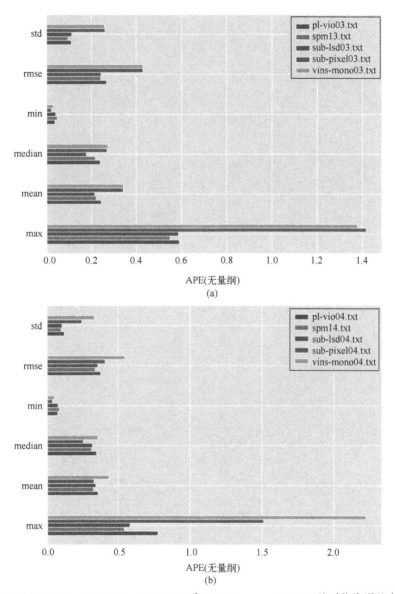

图 6-7　Sub-VINS、SPL-VIO、SPML-VIO 与 VINS-mono、PL-VIO 绝对位姿误差直方图
（a）MH_03 五线对比直方图；（b）MH_04 五线对比直方图。

图 6-7　Sub-VINS、SPL-VIO、SPML-VIO 与 VINS-mono、PL-VIO 绝对位姿误差直方图

通过将 Sub-VINS、SPL-VIO、SPML-VIO 与 VINS-mono、PL-VIO 算法进行多种比较，可以得出本文提出的 3 种算法在多特征融合的基础上不仅提高了算法的定位精度，还可以通过后端优化方式减少算法运行时间。在不同的场景实验中，Sub-VINS、SPL-VIO、SPML-VIO 算法能够稳定运行，鲁棒性较强。

6.4.2　真实场景实验分析

1. 视觉惯性定位实验平台组成

视觉惯性定位实验平台中采用的传感器包括多类型相机、惯性器件、激光雷达、毫米波雷达和超声波传感器。可视光相机型号为 MV-CS6-10GC，分辨率为 1440×1080，最大帧率可达 65.2fps。红外视觉传感器采用艾瑞广电公司的红外车载夜视系统，型号为 M6，分辨率为 640×512。惯性器件采用 MEMS 陀螺仪，型号为 GG5300。其平台结构如图 6-8 所示。

图 6-8　传感器布置方案

2. 真实场景实验

视觉惯性定位实验平台视觉感知模块具体步骤如下：实时的相机视频帧经过预处理之后，完成包括车道线检测、障碍物检测在内的二维检测任务。借助车道线信息和地图信息，对三维场景进行约束，实现二维平面到三维空间的转换。

该平台搭载的处理器作为 ROS 主机，经过本章的算法处理，自动驾驶平台运动过程中生成节点，将位置姿态数据实时发布，本地端启动 Rviz 并订阅主机端发布的位置姿态数据，可以绘制测量的轨迹路线，相应的路标点保存在输出路径中，以供后续优化使用。

实验场景为某工厂园区，自动驾驶平台在园区内行进，将路标点数据实时传送到本地端，其实时稀疏地图轨迹绘制如图 6-9 所示，图 6-9（a）、（b）、（c）、（d）分别为 4 次实验中的实时轨迹图。图 6-9（a）为平台从起始点出发沿园区直线行驶；图 6-9（b）为平台检测到前方出现路口，需要进行转弯操作；图 6-9（c）为前方检测到障碍物，需要停止前进；图 6-9（d）为在园区行驶一周后返回出发点。

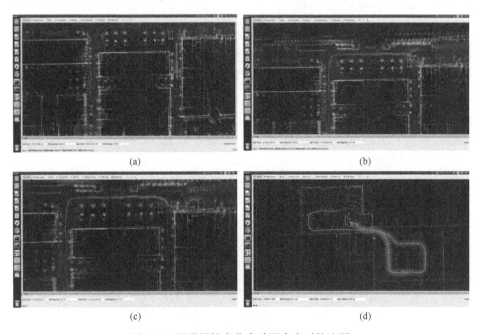

(a)　　　　　　　　　　　　　　(b)

(c)　　　　　　　　　　　　　　(d)

图 6-9　视觉惯性定位实验平台实时轨迹图

（a）路径 1；（b）路径 2；（c）路径 3；（d）路径 4。

图 6-9　视觉惯性定位实验平台实时轨迹图

利用视觉惯性定位实验平台在实际场景中运行 SPML-VIO 算法，平台在运行过程中能够完成特征提取的任务。

6.5　本章小结

本章论述了基于特征合并的后端优化，首先推导了惯性测量误差模型与预积分，为视觉/惯性融合打下基础；其次介绍了基于滑动窗口的后端优化，从关键帧的选择、融合视觉惯性信息的后端优化、基于图像信息熵的点线融合模式、边缘化策略 4 个方面进行展开说明；随后提出了亚像素级点线特征合并优化的定位算法，利用关键帧选取和滑动窗口的策略优化 BA，在后端构建地图；最后由定位精度实验分析可知，SPML-VIO 算法的均方根误差基本在 0.2 以内，和方差值大多在 30 左右，标准差全部在 0.1 以下。对比 Sub-VINS、SPL-VIO、SPML-VIO 与 VIN-MONO、PL-VIO 算法可知，本书提出的 3 种算法均优于原始算法，其中 SPML-VIO 算法的定位精度最高。由真实场景实验分析可知，视觉惯性定位实验平台在实际场景中可以流畅运行 SPML-VIO 算法并完成特征提取任务。

参 考 文 献

[1] ZHANG H X, WANG D Y, HUO J. Mounting misalignment and time offset self-calibration online optimization method for vehicular visual-inertial-wheel odometer system [J]. IEEE Transactions on Instrumentation and Measurement, 2024, 73: 1-13.

[2] LI Y D, SUN W, DING W, et al. Monocular visual-inertial odometer based on adaptive variational bayes algorithm [J]. IEEE Sensors Journal, 2024, 24 (22): 37392.

[3] ZHAO H, JI X C, WEI D Y, et al. Vehicle-motion-constraint-based visual-inertial-odometer fusion with online extrinsic calibration [J]. IEEE Sensors Journal, 2023, 23 (22): 27895 -27908.

[4] DENG J, WU S T, ZHAO H B, et al. Measurement model and observability analysis for optical flow-aided inertial navigation [J]. Optical Engineering, 2019 (58): 083102-1-083102-14.

[5] YANG Y L, GENEVA P, HUANG G Q. Multi-visual-inertial system: analysis, calibration, and estimation [J]. International Journal of Robotics Research, 2024, 43 (13): 1995-2026.

[6] WANG F H, ZHAO L R, XU Z C, et al. LDVI-SLAM: a lightweight monocular visual-inertial SLAM system for dynamic environments based on motion constraints [J]. Measurement Science and Technology, 2024, 35 (12): 126301.

[7] ZENG D F, LIU X T, HUANG K J, et al. EPL-VINS: efficient point-line fusion visual-inertial SLAM with lk-rg line tracking method and 2-DoF line optimization [J]. IEEE Robotics and Automation Letters, 2024, 9 (6): 5911-5918.

[8] XIA Y, WU H W, ZHU L C, et al. A multi-sensor fusion framework with tight coupling for precise positioning and optimization [J]. Signal Processing, 2024, 217: 109343.

[9] CHENG G T, LI P Q, LI Q P, et al. LIVS: a tightly coupled LiDAR, IMU, and camera-based SLAM system under scene degradation [J]. Physica Scripta, 99 (11): 115028.

[10] 卫文乐, 金国栋, 谭力宁, 等. 利用惯导测量单元确定关键帧的实时 SLAM 算法 [J]. 计算机应用, 2020, 40 (4): 1157-1163.

[11] 周书杰, 吴功平, 何文山, 等. 基于点线特征的快速视觉惯性 SLAM 算法 [J]. 机床与液压, 2024, 52 (3): 10-16.

[12] 郭小英, 李文书, 钱宇华, 等. 可计算图像复杂度评价方法综述 [J]. 电子学报, 2020, 48 (4): 819-826.

[13] HUANG G P, MOURIKIS A I, ROUMELIOTIS S I. An observability-constrained sliding window filter for SLAM [C]//Proceedings of IEEE/RSJ International Conference on Intelligent Robots & Systems. San Francisco, CA: IEEE, 2011, 65-72.

[14] DONG-SI T C, MOURIKIS A I. Motion tracking with fixed-lag smoothing: algorithm and consistency analysis [C]//Proceedings of IEEE International Conference on Robotics & Automation. Shanghai, China: IEEE, 2011: 5655-5662.

第7章　总结与展望

无人化、智能化是当前人工智能技术在自动驾驶领域发展应用的主流趋势。惯性/视觉定位技术是智能车辆实现自主智能化导航的关键技术，其具有自主感知能力强、自主定位精度高等特点。精确感知车辆位置方向是智能车辆自主环境感知、导航定位和路径规划的基础，无论在军事领域还是在民用领域均有大量应用，是实现无人智能系统自主感知与遂行任务的有效技术手段。

由于现实应用场景的复杂性，智能车惯性/视觉定位技术仍然面临着一些问题与挑战，课题组针对低纹理环境下智能车惯性/视觉定位关键技术和方法开展了大量研究。为了提高智能车自主定位精度，在构建视觉惯性导航系统、进行视觉惯性联合标定和构建定位算法模型的基础上，本书针对不同定位算法从特征性能试验分析、定位精度分析和真实场景实验分析等不同角度开展了算法论证，主要研究成果归纳如下。

（1）针对现有视觉特征检测算法易发生的特征聚集、阈值固定和噪声敏感等问题，提出了一种基于车辆运动估计和非线性最小二乘运动估计的立体视觉定位方法。通过建立车辆运动模型和运动参数估计一般模型，提出融合随机抽样一致的非线性最小二乘方法来完成运动参数估计。结果表明，该方法在长距离行驶中具有较高的定位精度和较低的平均误差，验证了该方法用于立体视觉定位的有效性。

（2）针对低纹理环境下图像像素级点特征数量不充分、信息不完全等问题，提出了一种基于像素/亚像素融合的特征检测算法。考虑超分辨率图像丰富的特征信息，将多级像素的点特征进行提取和选择，得到深层次的图像信息并对场景图像帧进行分析。结果表明，该方法经过多层迭代选取的图像点特征，角点精度提高，无效特征点减少，验证了该方法通过多级像素点特征提取促进系统定位精度的提升。

（3）针对复杂环境下仅利用少量点特征、影响定位精度的问题，提出了一种基于点线特征结合的前端处理算法。通过引入二维 LSD 线特征实现点线特征融合，并进一步采用点线特征双线程提取模式，确保系统精度和算法运行效率。结果表明，该方法可以将点线特征有效融合，精减筛选出有效特征，验证了该方法在系统前端处理可以有效捕捉数据特征，为系统自主高效定位打下良好的基础。

（4）针对在运算过程中外界因素误差不断累积、数据矫正手段缺乏的问题，提出了一种基于点线特征合并的后端优化算法。利用阈值判断选取关键帧，根据三维路标点信息和二维线特征信息，将重复线特征进行匹配合并，减少滑动窗口待估计状态量维度，从而提高算法定位精度。结果表明，该方法增加有效线特征比例，降低算法复杂度，验证了该方法在系统后端优化中保证定位的准确性和实时性。

附　　录

附1.1　坐标系及转换

附1.1.1　相机几何模型

相机模型是计算机视觉和图像处理中的重要概念，主要用于描述如何将三维世界中的场景映射到二维图像平面上。根据相机的结构和成像原理，相机模型通常可以分为单目模型和双目模型。单目模型是指仅使用一个相机进行图像采集，而双目模型则使用两个相机同时拍摄同一场景。两种模型各有特点和应用场景，理解它们的区别和用途对于计算机视觉、机器人技术以及三维重建等领域至关重要。

1. 单目相机模型

单目模型是最为常见的相机模型之一，主要利用一台相机捕捉场景图像。其基本原理是通过透视投影将三维坐标点映射到二维图像平面。单目相机的成像过程可以通过针孔模型来解释。在这个模型中，光线通过一个小孔（针孔）进入相机，形成倒立的图像。单目模型的优点在于其结构简单，易于实现，广泛应用于日常摄影、监控、自动驾驶等领域。然而，单目模型也存在一些局限性，例如，由于缺乏深度信息，单目相机无法直接测量物体的距离。为了解决这一问题，研究者们通常需要结合其他信息（如物体的大小、运动等）或使用一些假设来进行深度估计。

附图 1-1 所示为针孔模型。其中，$O\text{-}x\text{-}y\text{-}z$ 为相机坐标系，z 轴指向相机正前方，x 轴水平向右，y 轴垂直向下，O 为坐标系原点，也是相机光心即针孔模型中的针孔。$O'\text{-}x'\text{-}y'$ 为成像平面坐标系，x' 轴与 x 轴平行向右，y' 轴与 y 轴平行向下，原点 O' 为相机光心 O 在成像平面上的投影点，$O'O$ 即为相机的焦距 f，上述两个坐标系的单位均为 m。由于我们直接获得的观测值是基于像素单位的图像信息，所以还需在成像平面内定义一像素坐标系 $o\text{-}u\text{-}v$，其原点 o 位于图像左上角，u 轴向右与 x 轴平行，v 轴向下与 y 轴平行，其单位为像素。

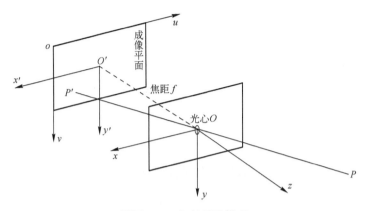

附图 1-1　相机针孔模型

假设空间中三维点 P，通过相机光心投影到成像平面上为点 P'，P 点的坐标为 $[X \quad Y \quad Z]^{\mathrm{T}}$，$P'$ 点的坐标为 $[X' \quad Y' \quad Z']^{\mathrm{T}}$，焦距为 f。那么，根据三角形相似原理可得

$$\frac{Z}{f} = -\frac{X}{X'} = -\frac{Y}{Y'} \tag{附1.1}$$

其中，表达式中的负号表示针孔模型中相机成像为倒立的，但实际上相机得到的图像并不是倒立的，为了让模型更加贴近实际，通过对称将成像平面放置在相机光心前方，然后将负号去掉，表示为

$$\frac{Z}{f} = \frac{X}{X'} = \frac{Y}{Y'} \tag{附1.2}$$

把 X' 与 Y' 放到等式右边，整理得

$$X' = f\frac{X}{Z} \tag{附1.3}$$

$$Y' = f\frac{Y}{Z} \tag{附1.4}$$

式（附1.3）与式（附1.4）描述了空间点 P 与其对应的投影点 P' 之间的关系，但是在相机观测中，获得的是基于像素单位的像素点图像，所以还需计算投影点坐标在成像平面坐标系与像素坐标系之间的转换。根据上文中像素坐标系的定义可知，像素坐标系与成像平面坐标系在同一个平面上，只是两者的原点和度量单位不同，假设成像平面中 P' 点在像素坐标系下的坐标为 $[u \quad v]^{\mathrm{T}}$，与成像坐标系相比像素坐标系在 u 轴上缩放了 α 倍，在 v 轴上缩放了 β 倍，同时将原点平移到成像平面坐标系中的 (c_x, c_y) 点，则 $[u \quad v]^{\mathrm{T}}$ 可以表示为

$$\begin{cases} u = \alpha X' + c_x \\ v = \beta Y' + c_y \end{cases} \tag{附1.5}$$

将式（附1.3）与式（附1.4）代入到式（附1.5）中，并且用 f_x 替换 αf，f_y 替换 βf，整理可得

$$\begin{cases} u = f_x \dfrac{X}{Z} + c_x \\ v = f_y \dfrac{Y}{Z} + c_y \end{cases} \tag{附1.6}$$

将其表示矩阵形式：

$$Z\begin{pmatrix} u \\ v \\ 1 \end{pmatrix} = \begin{pmatrix} f_x & 0 & c_x \\ 0 & f_y & c_y \\ 0 & 0 & 1 \end{pmatrix}\begin{pmatrix} X \\ Y \\ Z \end{pmatrix} \triangleq \boldsymbol{KP} \tag{附1.7}$$

式中：矩阵 $\boldsymbol{K}$ 为相机的内参矩阵，相机的内参矩阵在生产出来以后就基本上是固定的，只会在使用过程中发生轻微的变化，通常厂家会给出相机内参，但由于相机是一种精密仪器，如果对相机内参要求比较高时，需要通过标定来获得相机的精确内参。相应地，有内参就会有外参，相机的外参数就是相机的位姿 R 与 t，其会随相机移动而发生改变，也是 SLAM 中需要计算的目标。式（附1.7）中左右两边都使用齐次坐标来表达，用归一化来处理齐次坐标。将所有的 Z 值都设定为 1，也就是将所有的点都投影到一个位于相机正前方 1m 处且平行于成像平面的平面，则可得

$$Z\begin{bmatrix} u \\ v \\ 1 \end{bmatrix} = \boldsymbol{K}(\boldsymbol{R}\boldsymbol{P}_w + t) = \boldsymbol{KT}\boldsymbol{P}_w \tag{附1.8}$$

式中：$\boldsymbol{P}_w$ 为空间点在世界坐标系中的表达。

在实际应用中，单目模型的优势还体现在其对设备的要求较低。许多智能手机和便携式相机都只配备单一镜头，这使得其成本较低，易于普及。此外，单目模型还可以通过计算机视觉算法进行图像分析和处理，如特征提取、目标检测和图像分割等。这些技术在增强现实、自动驾驶和人机交互等领域都有着重要的应用价值。尽管单目模型在某些方面存在局限，但通过结合机器学习和深度学习等新技术，其在深度估计和三维重建方面的能力正在不断提升。

2. 相机畸变模型

在理想情况下，相机投影模型就同上述针孔模型一样，但是实际中投影关系并不是如此，而是存在畸变的问题。相机畸变主要分为两种。一种是由于相机透镜不同位置放大倍率不同引起的，称为径向畸变。在真实的投影过程中，一条直线经过相机透镜后就会变为一条曲线，而且越接近图像边缘这种问题就越突出。径向畸变可以分为两种：桶形畸变和枕形畸变。在桶形畸变中，光线

穿过透镜时的放大率与其到透镜中心的距离成反比，枕形畸变与之恰好相反，具体如附图1-2所示。

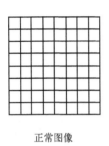 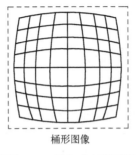 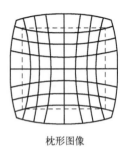

正常图像　　　　　　　桶形图像　　　　　　　枕形图像

附图1-2　径向畸变的两种形式

　　另外一种畸变是由于相机在生产时透镜与成像平面无法严格平行而导致的，称为切向畸变，具体如附图1-3所示。

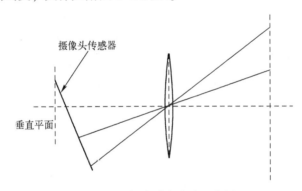

附图1-3　切向畸变来源示意图

　　针对由于相机畸变带来的测量误差，对观测到的像素点坐标使用畸变参数进行修正。径向畸变是坐标系中像素点与原点的距离发生变化，可以用多项式将其表达为

$$x_{\text{distorted}} = x\left(1 + k_1 r^2 + k_2 r^2 + k_3 r^6\right) \qquad (附1.9)$$

$$y_{\text{distorted}} = y\left(1 + k_1 r^2 + k_2 r^2 + k_3 r^6\right) \qquad (附1.10)$$

式中：x 与 y 为归一化平面中原始的观测值；$x_{\text{distorted}}$ 与 $y_{\text{distorted}}$ 为经过校正后的坐标；k_1、k_2 与 k_3 为径向畸变参数。

　　对于相机的切向畸变，可以引入 p_1 与 p_2 两个参数来进行校正：

$$x_{\text{distorted}} = x + 2p_1 xy + p_2\left(r^2 + 2x^2\right) \qquad (附1.11)$$

$$y_{\text{distorted}} = y + p_1\left(r^2 + 2y^2\right) + 2p_2 xy \qquad (附1.12)$$

将式（附 1.9）~式（附 1.12）联立，可以通过 5 个参数 k_1、k_2、k_3、p_1 与 p_2 来将空间中任意点进行畸变校正，得到该点在成像平面上实际的位置，总结如下。

（1）将空间中三维点 $P(X, Y, Z)$ 投影到归一化平面上进行去畸变。

（2）假设其在归一化平面上的坐标为 $[x, y]^T$，则去畸变后的坐标可以表示为

$$\begin{cases} x_{\text{distorted}} = x\left(1+k_1 r^2+k_2 r^2+k_3 r^6\right)+2xy+p_2\left(r^2+2x^2\right) \\ y_{\text{distorted}} = y\left(1+k_1 r^2+k_2 r^2+k_3 r^6\right)+p_1\left(r^2+2y^2\right)+2p_2 xy \end{cases} \quad (\text{附 } 1.13)$$

（3）利用内参矩阵将去畸变后的坐标投影到像素平面，获得其像素坐标为

$$\begin{cases} u = f_x x_{\text{distorted}}+c_x \\ v = f_y y_{\text{distorted}}+c_y \end{cases} \quad (\text{附 } 1.14)$$

附 1.1.2　视觉相关坐标系

视觉惯性定位系统通过相机和惯性测量部件获得运动信息。在载体上将相机和惯性器件固定，确定二者位置后，定义相关坐标系，便于计算载体的平移和转动，坐标系的相对位置示意图如附图 1-4 所示。

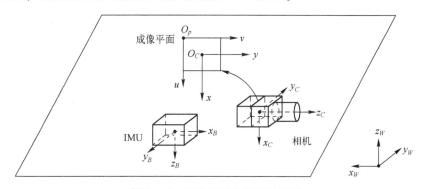

附图 1-4　视觉惯性坐标系示意图

1. 世界坐标系（W 系）

视觉惯性定位系统的运动范围相对较小，通常将该运动部分区域的地球曲率忽略掉，将坐标系的 Oxy 平面与运动区域面重合，将当地地面假设为水平面。通常将时刻为 0 的初始运动点作为坐标系的原点，以东北平面，建立坐标系的 Oxy 平面，将载体的初时刻运动方向设为 x 轴，将当地切平面法向量的反方向设为 z 轴。

2. 相机坐标系（C系）

一般而言，以针孔模型为基础，将相机的光心作为坐标系的原点，z 轴指向正前方，即相机指向物理成像平面的相反方向，y 轴指向右侧，x 轴向下，记为 C 系。

3. 像素坐标系（I系）

像素坐标系位于针孔相机模型的二维成像平面上，是一个二维坐标系，记为 I 系。x 像素坐标系的原点一般设在成像平面的左上角，v 轴与成像平面的左侧边重合指向右方，与 y 轴平行，u 轴与成像平面的上顶边重合指向下方与 x 轴平行。

附 1.1.3　坐标系间的转换

1. 点和向量

理想条件下，点是构成空间的基本元素，没有质量和体积；向量是从起点 A 到终点 B 的一段有方向的线段。假设该线性空间的一组基为 (e_1, e_2, e_3)，则空间中任意向量 a 可用该基底表示为

$$a = [e_1, e_2, e_3] \begin{bmatrix} a_1 \\ a_2 \\ a_3 \end{bmatrix} = a_1 e_1 + a_2 e_2 + a_3 e_3 \qquad (\text{附 } 1.15)$$

则 a 在该线性空间内以 (e_1, e_2, e_3) 为基底的坐标为 $(a_1, a_2, a_3)^{\mathrm{T}}$。

2. 坐标系间的欧几里得变换

两个坐标系之间的转换可通过平移和旋转运动来完成，这种运动称为刚体运动。欧几里得变换由平移和旋转运动组成。假设一向量 a 在线性空间中有两个基底 (e_1, e_2, e_3)、(e_1', e_2', e_3')，向量 a 在两个基底下的坐标为 $(a_1, a_2, a_3)^{\mathrm{T}}$、$(a_1', a_2', a_3')^{\mathrm{T}}$。因为向量 a 本身在线性空间内的位置并未改变，所以两个坐标之间的关系如下：

$$[e_1, e_2, e_3] \begin{bmatrix} a_1 \\ a_2 \\ a_3 \end{bmatrix} = [e_1', e_2', e_3'] \begin{bmatrix} a_1' \\ a_2' \\ a_3' \end{bmatrix} \qquad (\text{附 } 1.16)$$

为简明表示两坐标之间的关系，可将其简化为

$$\begin{bmatrix} a_1 \\ a_2 \\ a_3 \end{bmatrix} = \begin{bmatrix} e_1^{\mathrm{T}} \\ e_2^{\mathrm{T}} \\ e_3^{\mathrm{T}} \end{bmatrix} [e_1', e_2', e_3'] \begin{bmatrix} a_1' \\ a_2' \\ a_3' \end{bmatrix}$$

$$= \begin{bmatrix} e_1^T e_1' & e_1^T e_2' & e_1^T e_3' \\ e_2^T e_1' & e_2^T e_2' & e_2^T e_3' \\ e_3^T e_1' & e_3^T e_2' & e_3^T e_3' \end{bmatrix} \begin{bmatrix} a_1' \\ a_2' \\ a_3' \end{bmatrix}$$

$$\overset{\text{def}}{=} Ra' \tag{附1.17}$$

将 R 矩阵定义为旋转矩阵，也称为方向余弦矩阵，其代表了两个基底的坐标变换关系。由于基底的长度为 1，所以 R 矩阵是两个基向量存在夹角的余弦值，且是一个行列式为 1 的正交矩阵，即 $R^{-1} = R^T$。

因此，可定义 n 维旋转矩阵的集合为

$$SO(n) = \{ R \in \mathbb{R}^{n \times n} \mid RR^T = I, \det(R) = 1 \} \tag{附1.18}$$

因此，三维空间旋转矩阵的集合为 $SO(3)$。

在三维空间中，旋转矩阵的逆表示了一个相反方向的旋转，则

$$a' = R^{-1}a = R^T a \tag{附1.19}$$

将三维空间的向量 a 进行一次旋转 R 和一次平移 t，得到向量 a'，则 a' 可表示为

$$a' = Ra + t \tag{附1.20}$$

将式（附 1.20）用齐次矩阵和变换矩阵表示为

$$\begin{bmatrix} a' \\ 1 \end{bmatrix} = \begin{bmatrix} R & t \\ 0^T & 1 \end{bmatrix} \begin{bmatrix} a \\ 1 \end{bmatrix} \overset{\text{def}}{=} T \begin{bmatrix} a \\ 1 \end{bmatrix} \tag{附1.21}$$

式中：T 称为变换矩阵，又称为特殊欧式群。该变换矩阵的左上方为旋转矩阵，右上方为平移向量，左下角为 0^T 向量，右下角为 1。

设向量 a 在坐标系 1 和坐标系 2 的坐标分别为 a_1、a_2，则关系式为

$$a_1 = R_{12}a_2 + t_{12} \tag{附1.22}$$

式中：R_{12} 表示向量从坐标系 2 旋转到坐标系 1 上；t_{12} 表示向量从坐标 1 原点指向坐标 2。

若将向量 a 经过一次平移 t_1 和旋转 R_1 得到 a'，将向量 a' 再经过一次平移 t_2 和旋转 R_2 得到 a''，则关系式为

$$a' = R_1 a + t_1$$

$$a'' = R_2 a' + t_2$$

由 a 到 a'' 的关系式为

$$a'' = R_2(R_1 a + t_1) + t_2$$

上式利用变换矩阵 T 可简写为

$$\left. \begin{array}{l} a' = T_1 a \\ a'' = T_2 a' \end{array} \right\} \Rightarrow a'' = T_2 T_1 a \tag{附1.23}$$

式中：默认向量 a'、a'' 经过了齐次坐标的变换。

3. 四元数转换

四元数包含 4 个元，分别为 1 个实部和 3 个虚部，可表示如下：

$$q = q_0 + q_1 i + q_2 j + q_3 k = q_0 + q_v \tag{附 1.24}$$

式中：q_0 为实部；q_1、q_2、q_3 为实数；i、j、k 为四元数的虚数单位。虚部的计算关系式如下：

$$\begin{cases} i^2 = j^2 = k^2 = -1 \\ ij = k, ji = -k \\ jk = i, kj = -i \\ ki = j, ik = -j \end{cases} \tag{附 1.25}$$

四元数以三角函数形式表现如下：

$$q = \|q\| \left(\cos \frac{\phi}{2} + u \sin \frac{\phi}{2} \right) \tag{附 1.26}$$

式中：u 表示单位长度的三维向量；ϕ 为某一角度值，$\dfrac{\phi}{2}$ 是通过左乘或右乘完成一个 ϕ 角度的旋转。

当 $\|q\| = 1$ 时，$q_0^2 + q_v^T q_v = 1$。

四元数与方向余弦式的恒等变形为

$$\begin{aligned} C_b^i &= I + \sin\phi(ux) + (1 - \cos\phi)(ux)^2 \\ &= I + 2\cos\frac{\phi}{2}\left(\sin\frac{\phi}{2}ux\right) + 2\left(\sin\frac{\phi}{2}ux\right)^2 \\ &= I + 2q_0(q_v x) + 2(q_v x)^2 \end{aligned} \tag{附 1.27}$$

附 1.2　IMU 预积分

IMU 预积分算法的核心思想是将一段时间内 IMU 测量数据中与状态向量更新无关的数据进行积分处理。把 IMU 预积分引入 SLAM 系统中，需要通过对两个关键帧进 IMU 预积分，得到两帧的状态增量，即

$$\alpha_{I_{k+1}}^{I_k} = \iint_{t_{k+1}}^{t_k} R_t^{I_k}(\hat{f}_t^I - \hat{\nabla}_t^I)\,\mathrm{d}t^2 \tag{附 1.28}$$

$$\beta_{I_{k+1}}^{I_k} = \int_{t_{k+1}}^{t_k} R_t^{I_k}(\hat{f}_t^I - \hat{\nabla}_t^I)\,\mathrm{d}t \tag{附 1.29}$$

$$\gamma_{I_{k+1}}^{I_k} = \int_{t_{k+1}}^{t_k} \frac{1}{2}M'(\hat{\omega}_t^I - \hat{\varepsilon}_t^I)\gamma_t^{I_k}\,\mathrm{d}t \tag{附 1.30}$$

式中：$a_{I_{k+1}}^{I_k}$、$\beta_{I_{k+1}}^{I_k}$、$\gamma_{I_{k+1}}^{I_k}$ 是 IMU 在时间 $t \in [t_k, t_{k+1}]$ 间采集到的角速度 $\hat{\omega}^I$ 和比力 $\hat{f}^I$ 的积分，与在时间 t 时的随机零位漂移估计值 $\hat{\nabla}_t^I$ 和 $\hat{\varepsilon}_t^I$ 有关。实际计算中，初始 α 和 β 都为 0，γ 为单位四元数。

在建立的 IMU 模型中，$\hat{\varepsilon}_t^I$ 和 $\hat{\nabla}^I$ 是随时间发生变化的。为了消除 $\hat{\varepsilon}_t^I$ 和 $\hat{\nabla}^I$ 变化对预积分的影响，用下列公式进行 IMU 预积分的更新：

$$\beta_{I_{k+1}}^{I_k} = \hat{\beta}_{I_{k+1}}^{I_k} + J_{\nabla^{I_k}}^\beta \delta \nabla^{I_k} + J_{\varepsilon^{I_k}}^\beta \delta \varepsilon^{I_k} \qquad (\text{附}1.31)$$

$$\gamma_{I_{k+1}}^{I_k} = \hat{\gamma}_{I_{k+1}}^{I_k} \otimes \left[\frac{1}{2} J_{\varepsilon^{I_k}}^\gamma \delta \varepsilon^{I_k} \right] \qquad (\text{附}1.32)$$

$$\alpha_{I_{k+1}}^{I_k} = \hat{\alpha}_{I_{k+1}}^{I_k} + J_{\nabla^{I_k}}^\alpha \delta \nabla^{I_k} + J_{\varepsilon^{I_k}}^\alpha \delta \varepsilon^{I_k} \qquad (\text{附}1.33)$$

当在系统估计出的 $\hat{\varepsilon}_t^I$ 和 $\hat{\nabla}^I$ 发生显著的变化时，利用上式进行 IMU 预积分的数值更新。

附 1.3 李群与李代数

首先介绍群的概念。群是由一种集合再加上一种运算而构成的代数结构。假设集合记作 A，运算记作 $\cdot$，那么群可以记作 $G = (A, \cdot)$。该运算需要满足以下几个条件。

(1) 封闭性：$\forall a_1, a_2 \in A, a_1 \cdot a_2 \in A$。

(2) 结合律：$\forall a_1, a_2, a_3 \in A, (a_1 \cdot a_2) \cdot a_3 = a_1 \cdot (a_2 \cdot a_3)$。

(3) 幺元：$\exists a_0 \in A, s.t. \forall a \in A, a_0 \cdot a = a \cdot a_0 = a$。

(4) 逆：$\forall a \in A, \exists a^{-1} \in A, s.t. a \cdot a^{-1} = a_0$。

群结构保证了在群上的运算具有良好的性质，李群是指具有连续（光滑）性质的群，本文具体用到的是三维空间中的特殊正交群 $SO(3)$ 与特殊正交群 $SE(3)$，其具体定义如下：

$$SO(3) = \left\{ \boldsymbol{R} \in \mathbb{R}^{3 \times 3} \mid \boldsymbol{R}\boldsymbol{R}^{\mathrm{T}} = 1, \det(\boldsymbol{R}) = 1 \right\} \qquad (\text{附}1.34)$$

$$SE(3) = \left\{ \boldsymbol{T} = \begin{bmatrix} \boldsymbol{R} & \boldsymbol{t} \\ 0^{\mathrm{T}} & 1 \end{bmatrix} \in \mathbb{R}^{4 \times 4} \mid \boldsymbol{R} \in SO(3), \boldsymbol{t} \in \mathbb{R}^3 \right\} \qquad (\text{附}1.35)$$

李代数是李群单位元附近的正切空间，由一个集合 $\mathbb{V}$、一个数域 $\mathbb{F}$ 和一个二元运算 $[,]$ 组成，其具有以下 4 条性质。

(1) 封闭性：$\forall \boldsymbol{X}, \boldsymbol{Y} \in \mathbb{V}, [\boldsymbol{X}, \boldsymbol{Y}] \in \mathbb{V}$。

(2) 双线性：$\forall \boldsymbol{X}, \boldsymbol{Y}, \boldsymbol{Z} \in \mathbb{V}, a, b \in \mathbb{F}$，则有

$[a\boldsymbol{X} + b\boldsymbol{Y}, \boldsymbol{Z}] = a[\boldsymbol{X}, \boldsymbol{Z}] + b[\boldsymbol{Y}, \boldsymbol{Z}], [\boldsymbol{Z}, a\boldsymbol{X} + b\boldsymbol{Y}] = a[\boldsymbol{Z}, \boldsymbol{X}] + b[\boldsymbol{Z}, \boldsymbol{Y}]$

(3) 自反性：$\forall \boldsymbol{X} \in \mathbb{V}, [\boldsymbol{X}, \boldsymbol{X}] = 0$。

(4) 雅可比等价：$\forall X, Y, Z \in \mathbb{V}, [X, [Y, Z]] + [Z[X, Y]] + [Y, [Z, X]] = 0$。

$SO(3)$ 与 $SE(3)$ 所对应的李代数为 $so(3)$ 与 $se(3)$，其定义如下：

$$so(3) = \{\boldsymbol{\phi} \in \mathbb{R}^3, \boldsymbol{\Phi} = \boldsymbol{\phi}^\wedge \in \mathbb{R}^{3\times3}\} \qquad (附1.36)$$

$$se(3) = \left\{\boldsymbol{\xi} = \begin{bmatrix} \boldsymbol{\rho} \\ \boldsymbol{\phi} \end{bmatrix} \in \mathbb{R}^6, \rho \in \mathbb{R}^3, \phi \in so(3), \boldsymbol{\xi}^\wedge = \begin{bmatrix} \boldsymbol{\phi}^\wedge & \boldsymbol{\rho} \\ \mathbf{0}^{\mathrm{T}} & 0 \end{bmatrix} \in \mathfrak{R}^{4\times4}\right\}$$

$$(附1.37)$$

式中：$\boldsymbol{\xi}$ 是一个六维向量，前三维为平移，记作 $\boldsymbol{\rho}$，后三维为旋转，记作 $\boldsymbol{\phi}$。符号 $\wedge$ 与符号 $\vee$ 分别代表向量到矩阵的变换以及矩阵到向量的变换。